24. April '95

*Martin Freeman* · Astrologische Prognosemethoden

# Martin Freeman

# Astrologische Prognosemethoden

### Ein verständliches Handbuch
### über Prognosetechniken und ihre Anwendungen

**Edition Astrodata**

Titel der Originalausgabe: *Forecasting by Astrology*

Deutsche Bearbeitung durch Andrea Hummel
Verena Bachmann
Susanna von Werra

Satz: Fosaco AG, CH-8363 Bichelsee
Druck und Bindung: Hieronymus Mühlberger GmbH, Augsburg
Photo Umschlag: Bildagentur Baumann (Photofile)

ISBN 3-907029-02-X

# Inhaltsverzeichnis

**Dank an:**

Charles Harvey für seine Hinweise auf «Harmonics» und Literatur.

Chester Kemp für die sorgfältige Prüfung des Manuskriptes und seine Literaturhinweise.

Geoffrey Cornelius, Doreen Tyson und Pauline Hayward für ihre Literaturhinweise.

Sandra Muldowney für die Schreibarbeiten, welche sie tüchtig und heiter erledigte.

# 1. Schicksal und freier Wille

Eine Legende aus dem Mittleren Osten erzählt, wie der Diener eines reichen Händlers in Baghdad eines Tages in grosser Verwirrung vor seinen Meister trat. «Meister», schrie er, «heute morgen stiess jemand auf dem überfüllten Marktplatz mit mir zusammen. Als ich mich umkehrte, sah ich, dass es der Tod war. Ich blickte ihn an, und er gab mir einen solch merkwürdigen und erschreckenden Blick, dass ich nun um mein Leben fürchte. Meister, gib mir bitte Dein Pferd, so dass ich fliehen kann — mit Deiner Hilfe kann ich zur Dämmerung weit weg in Samarra sein.» Der Kaufmann war ein grosszügiger Mann und lieh seinem Diener ein auserlesenes Pferd, mit dem er ihn auf den Weg sandte. Später ging der Kaufmann selber zum Marktplatz und sah den Tod in der Menge stehend. «Warum hast Du heute morgen meinen Diener erschreckt und auf eine so bedrohliche Art angestarrt?» «Ich habe ihn nicht bedroht», sagte der Tod, «es war ein Blick der Überraschung — ich war erstaunt, heute morgen einen Mann in Baghdad zu sehen, mit dem ich heute abend eine Verabredung in Samarra habe.»

War es das Schicksal des Dieners dieses Kaufmanns, jene Nacht zu sterben, oder hätte er seinen freien Willen ausüben und in Baghdad bleiben können? Vielleicht hätte der Tod seine Reisepläne geändert und die Verabredung ohnehin eingehalten. Was wäre geschehen, wenn der Diener dem Tod begegnet wäre, anstatt wegzurennen? Vielleicht hätte er mit einem Geschenk oder einer Gefälligkeit einen Aufschub aushandeln und vielleicht durch ein Opfer, das den dunklen Erntemann befriedigt hätte, ein längeres Leben geniessen können.

Diese Legende ist eine gut verwendbare Einleitung in das Thema dieses Buches, in die zentrale Frage, welche sich in jeder Diskussion über astrologische Zukunftsdeutungen stellt, inwieweit nämlich das Leben vom Schicksal bestimmt wird und wie gross der freie Wille des Menschen ist. Aus dieser Geschichte geht hervor, dass der Mensch, einerseits geplagt von einer Angst, jedoch auch getrieben von Neugierde, immer wieder wissen wollte, was seine Zukunft mit ihm vorhat. Einige wählen den religiösen Glauben, um dieses Bedürfnis zu stillen und sich zu trösten, andere halten sich strikte an wissenschaftliche und rationale Gesichtspunkte, wiederum andere suchen Rat im Orakel, in Planeten, bei Propheten, in Tarotkarten oder Schafseingeweiden; und die letzten fragen und forschen, suchen den Sinn in der Welt und innerhalb ihrer eigenen Person. So haben die Philosophen seit Menschengedenken in Schriften von Theorien und Ideen gegraben, im Versuch, das Geheimnis des Verstehens zu lüften.

Vor Billionen von Jahren wurde, mit der Entstehung des Universum, ein dynamisches Modell in Bewegung gesetzt, welches vielen Menschen als absolut vorhersehbar erscheint. Und in einem winzigen Teil des Universums schwingt unser eigenes Sonnensystem, das sich bewegende Gleichgewicht von Sonne, Mond und den Planeten durch den Raum, drehend und kreisend — ein gigantischer Apparat von kosmischer Präzision.

Unsere Computerberechnungen können uns mit der gleichen Sicherheit sagen, wo z. B. Saturn 1893 in der Waage stand, als auch wo er 1999 im Stier stehen wird. Daher könnte einer leicht die fatalistische Theorie des wissenschaftlichen Determinismus vertreten und behaupten, dass alles vollständig durch wirkende und rational erfassbare Ursachen im voraus festgelegt sei. In diesem Zusammenhang würde ein Philosoph nicht erlauben, das Wort «vorherbestimmt» zu verwenden, weil keine führende Intelligenz am Werk ist. Denn die Wahrscheinlichkeit, dass durch den Zufallswurf irgendeines biochemischen, kosmischen Würfels ein derart geordnetes Universum entsteht, welches auf mindestens einem Planeten Leben aufrechterhält, ist unvorstellbar gering. Sie ist weitaus geringer als die Wahrscheinlichkeit, dass eine auf einem Klavier laufende Katze eine Sonate oder ein mit einer Schreibmaschine spielender Affe ein Sonnet zustande bringen.

Somit wuchs die verstandesmässige Vorstellung von einer ordnenden Energie im Universum, etwas Allmächtigem, jedoch Unverständlichem, Gütigem und auch Zerstörendem, von etwas derart Komplexem, dass es für den Menschen zum Projektionsobjekt wurde und somit zur Gottheit ernannt. Früher sah der Mensch Götter in der Sonne, die ihm das Leben, das Licht und die Wärme schenken, und in den Mysterien der Natur jene, die ihm die Nahrung bringen. Fiel die Ernte reich aus, waren die Götter zufrieden; kamen Flug und Hunger über das Land, waren sie erbost. Mit der Entwicklung des menschlichen Geistes wurden auch diese theologischen Ansichten verfeinert, was dazu führte, dass jede Antwort weitere Fragen nach sich zog. St. Augustinus wies die Christen an, den Schicksalsbegriff zu vermeiden, weil dieser besagt, dass die Dinge unabhängig vom freien Willen Gottes wie auch des Menschen festgelegt sind. Er bevorzugte die Worte «Vorsehung» oder «Vorherbestimmung». Thomas von Aquin sagte, dass Vorsehung das «Ordnen von Inhalten» durch Gott bedeute. Diesem untergeordnet, sei das Schicksal die Art, wie diese Inhalte ausgetragen würden. Lukrez letztlich verdammte bereits früher den Fatalismus und lehrte, dass sich alles gemäss den Gesetzen der Natur verhalte und es ausserhalb dieser kein Schicksal gäbe. Alles ist miteinander verhängt und aufgrund einer festgelegten Ordnung entspringt ein jedes Ereignis einem anderen. Der Mensch aber hat die Macht des freien Handelns und kann damit ein anderes Ereignis veranlassen, indem er «den Atomen seiner Anlage» eine andere Richtung gibt.

Schon immer hatten die Theologen Schwierigkeiten, Schicksal und freien Willen in Einklang zu bringen, und scheinen sich unbeholfen irgendwo zwischen den Extremen von zwei Irrlehren zu verlieren. Wenn es Ketzerei ist, die Unendlichkeit des Wissens und der Macht Gottes abzulehnen, dann bleibt nichts mehr ausserhalb des Bereiches der göttlichen Vorsehung, und somit ist alles durch

Gott vorgesehen. Wenn wir jedoch bestreiten, dass der Mensch freiwillig sündigt, so muss Gott für das Böse im Menschen verantwortlich sein; somit ist es Ketzerei, den freien Willen zu leugnen, weil dadurch das Böse Gott angelastet wird. Dr. Johnson sagte, dass er mit grosser Wahrscheinlichkeit abschätzen könne, wie ein Mensch in einer bestimmten Situation handeln werde, dass sein Urteil jedoch den Menschen in keiner Weise zwinge.

«Gott kann diese Wahrscheinlichkeit zur Sicherheit machen», fügte er hinzu, wodurch er das Bestehen von beidem, Schicksal und freiem Willen, nebeneinander zuliess. Boswell aber definierte diese «Sicherheit» und räumte den freien Willen des Menschen weg.

Viele Philosophen haben betont, dass eine total fatalistische Haltung jeglichen Grund für ein moralisches Benehmen im Leben verunmögliche, den Sinn des Lebens nahezu beseitige und stattdessen durch eine resignierte Gleichgültigkeit ersetze. Es kann so keinen Unterschied mehr geben zwischen Tugend und Laster. Doch keiner dieser geistreichen Denker fand es leicht, die Existenz eines freien Willens zu beweisen. «Alle Theorie spricht gegen die Freiheit des Willens, alle Erfahrung dafür», meinte Dr. Johnson. Den einen Philosophen genügte die Erfahrung und der Genuss ihrer Freiheit, um sich von ihrem freien Willen zu überzeugen, während andere unterschieden zwischen unfreiwilligem und freiwilligem Tun, wobei letzteres das wäre, was ein Mensch frei beschlossen hat zu tun. «Du sagst: Ich bin nicht frei», schrieb Tolstoi, «aber ich habe meine Hand erhoben und sie fallen lassen. Jedermann begreift, dass diese unlogische Entgegnung eine unwiderlegbare Demonstration von Freiheit ist. Diese Antwort ist Ausdruck eines Bewusstseins, welches nichts mit Vernunft zu tun hat.» Vielleicht aber sind solche Antworten nichts als reine Illusion — wir wollen glauben, dass wir frei sind und trotzdem ist alles, was wir tun, schicksalsbestimmt; vielleicht wurde sogar Tolstois Arm heimlich von einem verachtenden, göttlichen Wesen hinaufgezogen. Nichtsdestotrotz glaubte Kant, die Existenz des freien Willens damit bewiesen zu haben, indem er ihn mit der reinen Vernunft gleichsetzte und behauptete, dass das Bewusstsein um die moralischen Gesetze Freiheit einschliesst. Aber er bedachte auch, dass man ihn des im-Kreise-Herum-Redens verdächtigen könnte.

Aber da es oft so ist, dass philosophisches Argumentieren nicht viel mehr als ein Hervorheben oder sogar Vergrössern der Komplexität eines Themas mit sich bringt, wollen wir, um der Sache von einer anderen Seite näher zu kommen, zu den Griechen und zu der Symbolik ihrer Mythen zurückkehren. Aus eben solchen Überlieferungen, welche von diesen geistreichen Denkern erzählt und aufgezeichnet wurden, leiten wir Aussprüche her wie «Es liegt im Schoss der Götter» oder «Es musste geschehen» — also schleicht sich sogar in der Umgangssprache eine fatalistische Haltung ein. Die alten Griechen waren überzeugt, dass die Götter die Fäden des Schicksals in der Hand hielten, und klassische Gelehrte beobachteten in ihren Forschungen immer wieder Beschreibungen von schicksalshaften Verbindungen und Verknüpfungen verschiedenster

Dinge. So z. B. jene zweier Kriegsparteien, welche durch den Konflikt unlösbar miteinander verbunden waren. Das Bild ist das eines Seils, welches durch die Götter um die betroffenen Kämpfer gelegt und eng verknüpft wurde, so dass diese keine Möglichkeit auszuweichen hatten, da die Götter das Seil nach ihrem Willen erbarmungslos in die eine oder andere Richtung ziehen konnten. Die Fesseln waren die Schranken und Grenzen — sehr knapp und eng wie im oben erwähnten Beispiel. Üblicherweise wurde ein solches Gebunden-Sein als Unglück angesehen, und nur die Götter waren in der Lage, diese Fesseln zu lösen.

Dies galt vor allem für Zeus, wobei dieser grundsätzlich das, was er unter dem olympischen Gesetz gebunden hatte, nicht rückgängig machen konnte. Dennoch konnten die Götter im richtigen Ton gebeten werden. Gehen wir weiter nach Osten, in das alte Hindu Rig Veda, so finden wir dort viele solcher Gebete, beispielsweise «Erlöse, befreie das Vergehen, das mit meinem Körper verbunden ist.»

Nichtsdestotrotz gibt es auch andere Bindungen, welche Segen einbringen, und so legt manchmal ein Gott oder eine Göttin den «Siegesgürtel» um einen Krieger oder ein Heer. Im Alten Testament drückt der Psalmist dieses Wohlwollen aus: «Es ist Gott, der mich mit Stärke umgürtete und der mir meinen Weg ebnete.» Die Wertschätzung von positiven Bindungen wurde weiter ausgedrückt im «Erfinden» von Zaubersprüchen und im Herstellen von Amuletten, welche ursprünglich als Band um den Hals oder den Arm gelegt wurden, dann zu kniffligen und komplexen Knoten gemacht wurden, bevor sie dann eventuell auch noch Glückssteine und anderen Zauber beinhalteten. So können wir innerhalb der Vorstellung von Schicksal, fatalistischem und begrenzendem, doch Schimmer der Freiheit erkennen, dem Unglück entgegenzuwirken.

Noch interessanter ist die Metapher des Spinnens, welche in vielen verschiedenen alten Kulturen anzutreffen ist. Die Griechen hatten die Vorstellung, dass die Götter dasitzen, zu ihrer Linken einen Korb voller Wolle, welche sie über ihre Knie oder ihren Schoss ziehen, an ihrer Rechten herunter, und so die Fäden des sterblichen Menschenlebens spinnen. Diese Fäden konnten sowohl lang als auch kurz sein, stark wie auch schwach und stellten das vorausbestimmte Schicksal dar. In der nordischen Mythologie sassen, zur Seite der grossen Weltesche Yggdrasill, welche das Universum trug, die drei Nornen, gigantische Schicksalsgöttinnen. Nebst dem Giessen der Wurzeln des Baumes, war es ihre Aufgabe, das Schicksalsgewebe für jeden Sterblichen zu nähen. Zwei waren gütig, doch die dritte war grausam und wild und zerriss oder verdarb oft die Handarbeit ihrer Schwestern. Auch in der griechischen Mythologie kannte man drei Schicksalsgöttinnen, die Moiren: Klotho war die Spinnerin, Lachesis die Verwalterin des Loses und Atropos war die unveränderliche, welche die Lebensfäden beim Tode durchschnitt. In der jüngeren litauischen Mythologie gab es sieben Schicksalsgöttinnen. Die erste spann den Faden, die zweite setzte die Kette auf, die dritte wob das Gewebe, die vierte erzählte Geschichten, um die Arbeitenden abzulenken, während die fünfte diese zu Fleiss ermahnte und somit das Leben verlängerte. Die sechste schnitt die Fäden und die siebte wusch das Gewand, indem sie es dem höchsten Gott gab. So entstand des Menschen wehendes Gewand.

Die Metapher wird noch komplexer, wenn wir weiter das Weben der Götter und Schicksalsgöttinnen betrachten. Vielleicht können wir analog dazu annehmen, dass das wachsende Bewusstsein im Menschen dem, was ursprünglich der Lebensfaden war, entspricht, und sich zu der Länge eines gewobenen Kleides entwickelt. Von Hand zu weben, war ein langwieriges Verfahren. Die Kettfäden bestimmten die Länge des Kleidungsstückes, während die Schuss- oder Kreuz-fäden die Konsistenz und die Qualität festlegten. Je mehr Schussfäden verwendet wurden, desto dichter das Gewebe und desto solider das Gewand. Doch das Einfädeln des Schussgarns war schwierig, sogar mit einer Art Schussspule. Der Weber musste den Faden durch die richtige Öffnung schieben oder, falls ein einfacher Webstuhl benützt wurde, die Schussspule musste genau im richtigen Moment durch die Fachen getrieben werden — «in the nick of the time», was soviel heisst wie «gerade zur rechten Zeit»; «nick» ist eine ganz kleine Öffnung.

So stellt sich die Frage, ob dieses Erhaschen des kritischen Momentes und das zaglose Ausführen des gefragten Griffes beinhaltet, dass bewusstere Menschen, Menschen deren Kleid des Lebens einer besseren Qualität angehört, einen gewissen Einfluss haben auf ihren eigenen Webeprozess? Der Tod ist irgendwann für jeden Menschen unvermeidlich, also müssen die Fäden, die die Götter spinnen, immer ein Ende haben; aber vielleicht erlauben uns die Kreuzfäden — die Qualität des Lebens — einen Eingriff in unseren persönlichen Webeprozess. Um dies zu tun, müssen wir wachsam sein, so dass wir in der Lage sind, die Schussspule im kritischen Moment durchzuschiessen; wir müssen bewusst sein und psychologisch wissend, falls wir die Chance haben wollen, unseren freien Willen auszuüben und unser Schicksal zu modifizieren. In John Masefield's Gedicht «Die Witwe in Bye Street» hatte der unreife junge Mann, Jimmy, vielleicht mehr Gelegenheit, seinem Schicksal auszuweichen, als des Kaufmanns Diener, der nach Samarra floh. Als Jimmy die Frau, welche ihn später dazu bewegen sollte, einen Mord zu begehen, zum ersten Mal traf, «war der Tod neben ihm und strickte an seinem Totenhemd.» Aber als er sich in sie verliebte, waren die Würfel gefallen: Der Tod hörte auf, an dem umhüllenden Band zu stricken. «Das Totenhemd ist fertig», murmelte er, «von Kopf bis Fuss.» Er faltete es und packte seine Nadeln ein. Jimmy, ob er es wusste oder nicht, hatte seine Wahl getroffen.

Im psychologischen Sinne haben wir wenig Wahlfreiheit in den kritischen ersten Jahren unseres Lebens. Unsere Eltern empfangen uns und bringen uns in die Welt und in ihre Umgebung — reich oder arm, friedlich oder anstrengend. Wir erben ihre Gene und unterziehen uns den Bedingungen ihrer Gnade und Ungnade. Es ist, als ob unser Werdegang dem Weben eines 20.-Jahrhundertkleides von Trauma, Schuld und Verdrängung entsprechen würde, schicksalshaft bestimmt durch die Länge und Breite des Webstuhles. Und wie wir älter werden, werden die Inhalte des Unbewussten ahnungslos nach aussen projiziert. Was wir in uns nicht konfrontieren können, sehen wir in Menschen, die wir nicht mögen; was wir in uns nicht finden können, sehen wir in jenen, die wir lieben. Es ist nicht weit weg von einer Wiederholung dessen, was der Mensch früher zu tun pflegte: Wenn Glück seinen Weg kreuzte, vergalten ihm die Götter sein Gut-Sein; wenn die Götter gekränkt waren und Rache forderten, dann wurde er bestraft. Die heutigen Götter der Menschen aber sind nicht mehr jene stolzen Gottheiten von damals: Sie sind oft heimtückisch getarnt in leeren Werten und Selbstüberschätzung. Die allmächtigen Eltern der Kindheit werden im späteren Leben allzuoft ersetzt durch den Arbeitgeber einer grossen Firma, den Staat und die Behörden, durch die Kirche, einen Guru, eine Gruppe oder sogar durch einen Liebhaber oder Partner.

Auch diese scheinen einen Menschen zu entlöhnen, wenn er gut ist, und ihn zu strafen, wenn er schlecht ist. So wird mit Projektionen um sich geworfen, Bewusstheit vermieden und persönliche Verantwortung gescheut. Auf dieser Ebene des Bewusstseins scheint es sicherlich angenehm, an das Schicksal zu glauben und in Zukunftsdeutungen Trost und Bestätigung zu suchen. Denn obwohl die Freiheit als Ideal ihren Wert hat, kann sie in der Realität beängstigend werden.

So besteht — obwohl ein gewisses Mass unserer Umstände schicksalshaft bestimmt ist — genügend Gelegenheit, den freien Willen zu nutzen — wir haben die Wahl. Der Glaube an Reinkarnation und Karma erweitert dieses Konzept der Wahl weit über eine einzige Lebensspanne hinaus. Die Seele wählt das Leben — die Eltern, die Umgebung, die Gene, das Geschlecht, die Talente und die Beschränkungen — alles enthalten im gewählten Moment, welcher durch das astrologische Geburtshoroskop aufgezeigt wird. Diese seelischen Wahlen werden bewusst getroffen, als das Resultat vergangener Taten, und so ist es vielleicht die Seele, welche diese Schicksalsfäden spinnt und den Stoff webt, oder im Hintergrund steht und dem Menschen erlaubt, wie ein Lehrling am Webstuhl Hand anzulegen. Wenn wir projizieren können, dann können wir, obwohl dies eines grösseren Aufwandes bedarf, auch internalisieren, und an diesem Punkt können wir die Zusammenhänge und das zweischneidige Gleichgewicht zwischen Schicksal und freiem Willen auf die sich bewegenden, planetarischen Tendenzen in der Astrologie beziehen. Das Leben ist das Vehikel für das persönliche Wachstum und im weiteren, jedoch unbekannten Zusammenhang für das seelische Wachstum. Die alten Ägypter glaubten, dass die Seele nach dem Tod aufgewogen würde und zwar nicht im leistungsmässigen Sinne, sondern gegen das Gefieder von Maat — dem Einheitsmass des göttlichen Gerichts. Der moderne esoterische Glaube meint, dass sich die Seele ihr eigenes Ziel setzt, mit Bezug auf des Akashic Überlieferung. Die Gelegenheiten zum Wachstum werden von den sich bewegenden Indikatoren im Geburtshoroskop im Verlauf der Jahre angezeigt, doch der Zeitplan dieser Gelegenheiten wird bei der Geburt ganz genau entworfen. Wenn sich die Kettfäden scheiteln, haben wir Gelegenheit, in Farbe, Qualität und Stärke nach unserer Wahl einen Kreuzfaden zu weben. Verpassen wir diesen Moment, wird das Kleid dünner sein und weniger wertvoll. Die Freiheit zu wählen ist jedoch ganz bestimmt gegeben, wie sehr wir auch zu fühlen glauben, dass das Schicksal am Werk ist und rücksichtslos regiert.

Eine andere, durch ihre vermischte Mythologie zweifelhafte, in ihrem Inhalt nichtsdestotrotz aber hilfreiche Geschichte erzählt, wie der Gott Krishna besorgt war über den in seinem Leben aufkommenden Einfluss Saturns. Er beschloss, den von dem alten Schulmeister geforderten Lektionen zu entfliehen und versteckte sich, nachdem er sich in ein Nilpferd verwandelt hatte, in einem feuchten, stinkigen und dunklen Sumpf des Dschungels. Nachdem er sich während einer gewissen Zeit im Schlamm gewälzt hatte, schleppte er sich hinaus, putzte sich und verwandelte sich zurück in seine göttliche Erscheinung. Wenig später traf er Saturn.

«Ha, ha», sagte Krishna, «dieses Mal bin ich Dir entkommen. Ich versteckte mich, getarnt in der Gestalt eines Nilpferdes, im Sumpf.» «Ich weiss», entgegnete Saturn ruhig, «Ich dachte mir, Du hättest eine reichlich unangenehme Zeit, und ich hatte keinen Grund, mich Dir auch nur zu nähern.» Krishna hatte seine Wahl getroffen, doch nichtsdestotrotz wurde die saturnische Wirkung erreicht.

Wenn Transite oder Progressionen auftreten, wählen wir in unserem Leben das, was wir zu dieser Zeit brauchen. Vielleicht wählen wir nicht bewusst, aber wir ziehen die angemessenen Ereignisse und Umstände an und reagieren entsprechend. Wenn das Ego stark und gut entwickelt ist und wir bewusst das Wachstum suchen, dann können wir mit offenen Augen einen Weg wählen und diesen mit der Freude und dem Lohn des positiven Wagnisses beschreiten. Manchmal ist Schmerz eine notwendige Erfahrung, das Ergebnis einer Ansammlung von früher im Leben (oder gar in einem vorangegangenen Leben) verpassten oder vermiedenen Gelegenheiten der Konfrontation. Wenn aber der *Sinn* der Erfahrung bewusst verstanden und aufgenommen wird, dann ist ein grosser Fortschritt erlangt.

In «Das Geheimnis der goldenen Blüte» schrieb C. G. Jung über jene Patienten, welche wirklich positives Wachstum erreichten:
«Nämlich das Neue trat aus dem dunklen Felde der Möglichkeiten von aussen oder von innen an sie heran; sie nahmen es an und wuchsen daran empor . . . Kam es von aussen, so wurde es innerstes Erlebnis. Kam es von innen, so wurde es äusseres Ereignis. Nie aber war es absichtlich und bewusst gewollt herbeigeschafft worden, sondern es floss vielmehr herbei auf dem Strom der Zeit.»

Die sich bewegenden planetarischen Indikatoren im sich entfaltenden Geburtshoroskop sind wie diese «unbekannten Möglichkeiten». Wir können sie nicht zwingen oder kontrollieren, da sie vorherbestimmt sind, aber die Art, wie wir auf sie reagieren und wie wir deren Bezug zu unseren inneren und äusseren Leben akzeptieren, ist absolut frei. Dies ist der schmale Pfad, der zwischen Schicksal und freiem Willen liegt und den Weg weist zu Erfüllung, Wachstum und Glück.

# 2. Zyklen in der Astrologie

Astrologie ist eng verbunden mit Zeit. Das Geburtshoroskop ist eine Enthüllung eines Momentes in der Zeit, scheinbar tot und dennoch zum Bersten voll mit unbegrenztem Potential, wie eine reife Hülsenfrucht oder eine neue Knospe im Frühling. Während der Entwicklung des Lebens dieses Potential zu entfalten und wahrzunehmen entspricht der Bewegung der Zeit innerhalb des Geburtshoroskops, wie die erste Bewegung der Zeiger und des Pendels einer ganz aufgezogenen Uhr oder wie ein fixes Bild auf einer Leinwand, das zu leben beginnt. In diesem Zusammenhang sollte die Zeit nicht als linear verstanden werden: man denkt sie sich besser zyklisch − entweder sie wiederholt kreisförmig unbarmherzig ein gleiches Muster oder sie wirkt als eine Kreisspirale von Zyklen, innerhalb welcher das Muster mit jedem Wirbel zu einem noch grösseren Zyklus beiträgt, zu einem überbauenden System von Wachstum und Entwicklung.

Viele Menschen glauben, dass ein individuelles Leben nur ein Teil eines viel grösseren Erfahrungsmodelles sei, die persönliche Astrologie aber ist meist nur an diesem einzelnen Leben interessiert. So stellt die astrologische Prognose für das Individuum eine Untersuchung der in diesem Leben auftretenden Zyklen, wie sie aus dem Horoskop zu ersehen sind, dar. Symbolisch gesehen entspricht der Zyklus der Jahreszeiten dem Leben. Es beginnt mit einer Zeit des Erwachsens aus kleinen Anfängen und führt zur Reife und Ernte; ein Herbst der Schönheit folgt mit seinen subtilen Färbungen − aus dem zuvor Geleisteten und aus den Samen, welche für die Zukunft gesät wurden, entspringt Nahrung. Und schliesslich kommt mit dem Winter die sanfte Vorbereitung auf den Schlummer. Ein anderer, bekannter Zyklus ist jener von Tag und Nacht. Hier führt der Verlauf von der frühen Schwangerschaft vor dem Morgengrauen zur Sonnenaufgangs-Geburt − der Mittag geht als Höhepunkt der Leistungsfähigkeit einem ergiebigen oder angenehmen Nachmittag voran. Nach diesem Gipfel entsteht eine Dimension des Rückzuges und des Verzichts, welche die ruhige Entspannung am Abend gestattet, vor dem Einbruch der Dunkelheit des Nacht-Todes, einem unbekannten Wagnis, das wir alle eingehen müssen. C. G. Jung sagte, dass der Tod psychologisch gesehen ebenso wichtig sei wie die Geburt und wie diese, ein unerlässlicher Teil des Lebens. Der wunderbar poetische Ausdruck «die geheime Stunde der Lebensmitte» stammt ebenfalls von C. G. Jung und erinnert uns in diesem Zusammenhang daran, dass wir nicht immer wissen, an welchem Punkt eines bestimmten Zyklus' unseres Lebens wir stehen. Desgleichen hat die Natur, obwohl es in jedem Kalenderjahr einen Frühling, einen Sommer, einen Herbst und einen Winter geben wird, ihren eigenen Zeitplan. Sommer können lang und trocken sein oder, und so scheint es oft in Grossbritannien, frustrierend kurz. Der Frühling blüht manchmal früh in einer naiven

Unschuld, nur um dann von einem späten Frost vernichtet zu werden. Es gibt ein griechisches Wort *Kairos,* welches uns zur Idee einer qualitativen Zeit führt. Es können Jahre der linearen Kalenderzeit vergehen, Zyklen können sich mit der unveränderbaren Präzision und Voraussagbarkeit einer Quarzuhr wiederholen und dennoch wird kein wirklicher Fortschritt oder Wachstum erreicht. Dann, in einer bestimmten Stunde, Woche, einem Monat oder in was auch immer für einer Zeitspanne — einer Periode von bedeutsamer und seltener Qualität — ist es, als ob Jahre oder Kalenderzeit verstrichen wären und unverhältnismässige Erfahrungen gewonnen würden. *Kairos* ist ein entscheidender Punkt oder ein Moment der Wahrheit und hat einen Bezug zu den, im vorhergehenden Kapitel diskutierten, ähnlichen Konzepten.

Wir können auch die Gezeiten des Ozeans betrachten. Sie ebben und fluten täglich, und sie nehmen, in Form von Spring- und Nippflut, im Rhythmus der Anziehungskraft von Sonne und Mond zu und ab. Innerhalb dieses Prinzips steigen und legen sich die Wellen in unendlicher Vielfalt; aber es ist unmöglich, den Verlauf eines jeden einzelnen Wassertröpfchens zu entwerfen — eines von ihnen bleibt vielleicht in einem unaufhörlichen Tanz in einer kleinen Lagune festgehalten, ein anderes überwindet vielleicht unermessliche Distanzen auf seiner Reise und häuft durch seine wässerigen Abenteuer eine Fülle von flüssigen Erfahrungen an. Die Zyklen im Geburtshoroskop und deren mögliche Entwicklungen im Leben verlaufen ähnlich.

Um wieder zu unserem Thema zurückzukommen, besteht in der Astrologie eine beträchtliche Anzahl ganz verschiedener Zyklen, und es gibt Mittel, deren Rhythmen mit höchster Genauigkeit zu errechnen. Jeder Astrologe hat Zugang zu der Information und kann den genauen Zeitverlauf ihrer Bewegungen kennen, doch die Qualität und Stufe ihrer Entsprechungen im menschlichen Leben sind nie sicher. So haben Wissenschaftler z. B. Zyklen der Sonnenfleckenaktivität auf 11.11 Erdjahre berechnet. Ihr Ursprung und ihre Auswirkungen sind jedoch noch unbekannt. Die Saroszyklen, welche einst von den Babyloniern und Chaldäern benutzt wurden, stellen eine Entsprechung von 60 Tagen mit 60 Jahren dar und werden auch beschrieben als eine komplexe Serie von Eklipsen. Es wird von 19 verschiedenen Zyklen, der jeder ungefähr 18 Jahre und 11 Tage dauert, gesprochen. Diese überschneiden sich zum Teil und gehen ineinander über. Die Chaldäer und andere frühe Astrologen-Astronomen benützten diese Zyklen umfassend in ihren Voraussagen und Prognosen für Nationen und ihre Führer, doch die modernen Astrologen verwenden sie im allgemeinen nicht, und so wurde im zwanzigsten Jahrhundert diesbezüglich sehr wenig geforscht. Professionelle Astrologen tendieren heute dazu, sich auf die persönliche Beratung zu konzentrieren und haben wenig Zeit, mit Zyklen von dieser Weite und Grössenordnung zu arbeiten. Vielleicht wird sich dies ändern, wenn die Staatsoberhäupter einst beginnen, sich im Zusammenhang mit nationalen und internationalen Aktivitäten für die Einflüsse von Sonne, Mond und den Planeten zu interessieren (siehe Bibliographie und den Abschnitt «Neumond und Vollmond» im 4. Kapitel).

## Die siebenfältige Qualität von Zyklen

Die Zahl Sieben und ihre Symbolik kann im weiteren Sinne als die Basis der astrologischen Zyklen betrachtet werden. Für einen Numerologen hat jede Zahl eine wichtige Bedeutung und dennoch hat die Zahl Sieben weitere und komplexere Zusammenhänge als jede andere Zahl. Diese erstrecken sich vom mundanen Sieben-Tage-Woche-Prinzip zu den philosophischen sieben Menschenaltern und den esoterischen sieben Strahlen. Sieben entsteht aus der Summe von Trinität und Quaternität $(3+4=7)$, der Qualitäten (kardinal, fix und veränderlich) und der Elemente (Feuer, Erde, Luft und Wasser). Vor der Erfindung des Teleskopes wurde das Sonnensystem als sieben Körper enthaltend angesehen — Sonne, Mond und die Planeten bis Saturn. (Diese gaben zu den meisten anderen siebenfachen Einteilungen astrologische Entsprechungen). Es gibt sieben Noten in der diatonischen Tonleiter, sieben Spektralfarben, sieben Weltwunder, sieben Todsünden und Tugenden. Es gibt sieben japanische Götter des Glücks, Shichi Fukujin, und in der mythologischen Legende attackierten die «Sieben gegen Theben» das siebente Tor der Stadt, welches von sieben thebischen Helden verteidigt wurde. Es tönt schon fast wie ein epischer Abenteuerfilm und erinnert uns an «Die sieben Samurai» und «Die Grossartigen Sieben» — sogar an Ingmar Bergmans «Die sieben Siegel». In allen Kulturen hat der siebte Sohn eine besondere Bedeutung; normalerweise heisst es von ihm, dass er bemerkenswerte heilende Kräfte besitze. Die Liste ist lang und zweifelsohne werden dem Leser weitere Beispiele einfallen.

Und wie findet diese siebenfältige Qualität ihre Anwendung? Saturn braucht durchschnittlich 29½ Jahre, um einen Durchgang durch den Tierkreis zu machen. Das ist gleichwertig mit einer Periode von etwas mehr als sieben Jahren, um einen Quadranten von drei Tierzeichen zu durchwandern. Demzufolge macht Saturn zirka alle sieben Jahre einen wichtigen Aspekt zu seiner Radixposition — Quadrat, Opposition oder Konjunktion. «Die Tage unseres Alters sind dreimal 20 Jahre und 10» sang der Psalmist, jedoch mit der erhöhten Lebenserwartung von heute rechnet man mit einer Lebensspanne von sieben mal zwölf Jahren. Es muss betont werden, dass dies auf keinen Fall bedeutet, dass Menschen, welche das biblische Alter von siebzig Jahren überleben, wahrscheinlich zur Zeit, wenn der Uranus auf seine Radixposition zurückkehrt, tot umfallen. Es handelt sich um eine symbolische Auslegung, welche meint, dass, wurde ein Leben in relativer Harmonie mit den Zyklen gelebt, nach dem 84-Jahre Zyklus des Uranus Gelegenheit besteht, sich der Früchte einer abgerundeten Lebenszeit zu erfreuen. C. G. Jung ist ein gutes Beispiel dafür. Obwohl er in medizinischen

19

Kreisen umstritten war, wurden seine Theorien der Psychoanalyse in gesammelten Werken offiziell veröffentlicht, so dass sie jeder lesen kann. Als diese vollendet waren, gestattete er sich am Ende seines Lebens, ein autobiographisches Werk zu schreiben: *Erinnerungen, Träume, Gedanken*. Es ist anders in Stil und Eigenart — die letzten Worte eines alten Mannes, der vieles erreichte in seinen 84 Jahren. Er starb im Alter von 86 Jahren.

Die Rückkehr von Neptun und Pluto findet innerhalb eines menschlichen Lebens niemals statt — ihre Umlaufzeiten betragen 165, resp. 248 Jahre. So hält sich Neptun durchschnittlich während zwei 7-Jahresperioden in jedem Zeichen auf. Pluto braucht durchschnittlich 21 Jahre, doch da seine Bahn derart exzentrisch verläuft, kann er sich in einem Zeichen bis zu 33 Jahren befinden oder nur für die kurze Zeit von 13 Jahren (1851—1884 im Stier; 1983—1995 im Skorpion). Diese Perioden sind nur annähernd korrekt, da die Rückläufigkeit zwei bis drei Eintritte und Austritte in ein und aus einem Zeichen bewirken kann. Diese langsamen Bewegungen der äusseren Planeten sind vor allem in der mundanen Astrologie — der Astrologie des Kollektivs — von grösserer Bedeutung und sollen in einem vierten Buch dieser Serie im Detail behandelt werden. Aber, um Beispiele zu nennen, kann man in der Entwicklung der Popmusik und Filmindustrie, beides Neptunentsprechungen, einen 14-Jahreszyklus beobachten, entsprechend dem Rhythmus, mit welchem dieser Planet sich von einem Zeichen ins nächste bewegt. Als Neptun in der Jungfrau stand, war die Filmindustrie nahezu besessen von der Beschäftigung mit der Tonfilmtechnik und anderen technischen Möglichkeiten (1928—1943). Harte Rockmusik, mit ihrer Betonung auf Sex, Drogen und Finsteres korrelierte mit dem Durchlauf Neptuns durch den Skorpion, dem Zeichen der Extreme (1957—1971). Als der Planet in das philosophische Zeichen Schütze eintrat, war George Harrison's «My Sweet Lord» während einer Rekordzeit Spitzenreiter der internationalen Hitparaden. 1968 trat Uranus in die Waage, das Zeichen der Beziehungen, und 1971 folgte Pluto nach. Diese beiden Verwandlung schaffenden Planeten waren in diesem Jahrtausend noch nie gemeinsam in der Waage, und es war dies eine Zeit der Veränderung und Erneuerung der gesellschaftlichen Haltung in bezug auf enge persönliche Beziehungen. Scheidung bedeutet nicht mehr die Schande, die sie einmal war, unverheiratetes Zusammenleben wird weitherum akzeptiert und die Homosexuellen haben langsam die Möglichkeit, offen zusammenzuleben. Diese Wechselbeziehungen sind sehr weitreichend und müssen aus einer breiten Perspektive betrachtet werden, denn es spielen dabei unzählige, näher zu bestimmende Faktoren eine Rolle. Ein gutes Beispiel waren die gegenseitigen Aspekte, welche die drei äusseren Planeten während der frühen Siebziger und den Achtzigerjahren zueinander machten, doch ginge dies in diesem Zusammenhang zu weit.

Der 12-Jahresumlauf von Jupiter ist weniger wichtig und hat keinen Bezug zu dem Siebnerprinzip, welches hier diskutiert wird — obwohl im 84-Jahreszyklus des Uranus sieben Rückkehren des Jupiter enthalten sind. Es gibt aber noch drei weitere Zyklen, welche in dieses Prinzip passen. Als Erstes können wir die frühen Lebensjahre untersuchen. Der intensive und strenge Unterrichtsstil der Jesuiten vor den Veränderungen und Reformen ihrer Strukturen um 1960 führte dazu, dass man ihnen folgende Aussage zuschrieb: «Gib mir ein Kind bis es sieben ist und es gehört mir für's Leben.» Jeder Psychologe würde bestätigen, dass die frühen Jahre, vor allem die ersten zwei oder drei, in Sache Konditionierung und Entwicklung sehr wichtig und heikel sind. Astrologisch kann man das mit der Intensivierung oder Schwächung der Geburtsaspekte durch Progressionen und Direktionen gleichsetzen (siehe 3. Kapitel).

Es gilt jedoch daran zu erinnern, dass Geburtsaspekte immer während eines ganzes Lebens von Bedeutung sind und die Veränderung ihrer Manifestation durch Progressionen einzig eine beeinflussende Färbung, eine Modifizierung von etwas, das bereits existiert, ist. Nichtsdestotrotz wird eine Konjunktion im Geburtshoroskop zwischen Sonne auf 10 und Saturn auf 16 Grad in einem Zeichen in der Progression während den ersten 6 Jahren zu einer exakten. Sind die Positionen umgekehrt, wird der progressive Aspekt schwächer werden und den Orbis in den ersten zwei Jahren verlassen, in der Direktion aber wird Saturn innert sechs Jahren die Sonne erreichen. Normalerweise wird bei Hauptaspekten ein Orbis von +/− 8 Grad berücksichtigt, und so kann eine weite Konjunktion bei der Geburt ca. acht Jahre brauchen bis sie genau ist, was bedeutet, dass das siebenfältige Prinzip nicht präzise anwendbar ist. Auch ist dies nicht die Absicht, da die Qualität der Zahl Sieben zyklisch gesehen ein breites Konzept beinhaltet, welches durch die astrologischen Gegebenheiten in etwa unterstützt wird, das jedoch nicht auf eine computerisierte Voraussagbarkeit reduziert werden darf. Vielleicht sollten wir 7 Grad Orbis berücksichtigen.

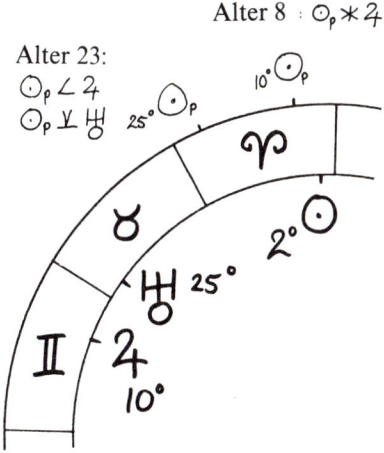

Fig. 1: *Zyklus der progressiven Sonne zum 1. Beispiel*

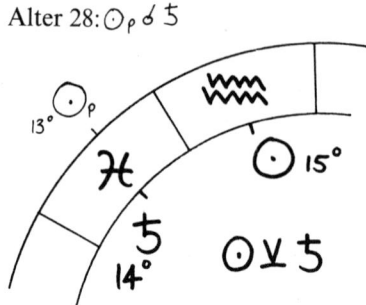

*Fig. 2: Zyklus der progressiven Sonne zum 2. Beispiel.*

Unsere zweite Ergänzung ist ein anderer, leicht unklarer Zyklus, welcher ebenfalls ins Modell passt: Die 30-Grad-Bewegung der progressiven Sonne. Innerhalb von ca. 30 Jahren bildet die progressive Sonne zu allen anderen Planeten — in der Tat zu jedem Punkt im Horoskop, irgendeinen Aspekt. Mit einigen Planeten werden sich gar zwei Aspekt-Kontakte ergeben, falls Halb- und Anderthalbquadrate berücksichtigt werden, andere wiederum erhalten nur ein sanftes Halbsextil. Beispielsweise macht eine Sonne auf 2 Grad Widder keinen Geburtsaspekt zu Jupiter auf 10 Grad Zwillinge (Fig. 1). Um das achte Altersjahr herum steht die progressive Sonne im Sextil zu Jupiter, doch mit ca. 23 im Halbquadrat dazu. Steht Uranus auf 25 Grad Stier, wird die progressive Sonne im gleichen Jahr im Halbsextil zu ihm stehen. Dieser 30-Jahres-Zyklus bewirkt, dass sich die planetarischen Kontakte ein Leben lang wiederholen, doch die Qualität der Kontakte wird sich durch die verschiedenen Aspekte verändern. Der Bezug zur Siebenfaltigkeit ist nicht exakt, aber er wird genauer, wenn wir auch hier 1 oder 2 Grad Orb berücksichtigen — eine Geburtssonne auf 15 Grad Wassermann im Halbsextil zu Saturn auf 14 Grad Fische wird sich innert 28 Jahren progressiv auf 13 Grad Fische und damit innerhalb des Orbis einer Konkunktion befinden (Fig. 2).

Zuletzt braucht der Mond 27,32 Tage, um durch den Tierkreis zu reisen, und folglich liegt die Umlaufzeit des progressiven Mondes knapp unter 28 Jahren. So gibt es also drei Zyklen, welche diese 4 × 7 Zeitperiode hervorheben: progressiver Mond, progressive Sonne im Zeichen und der transitierende Saturn.

# Die Rückkehr des Saturn

Von den verschiedenen 28–30-Jahreszyklus Indikatoren ist Saturn der bestimmteste. Er ist der stärkste und am leichtesten zu beobachten. Jedem Versuch, die Rückkehr Saturns gänzlich zu verstehen, muss eine Studie des Saturn im Geburtshoroskop vorangegangen sein. Dieser Planet repräsentiert Lektionen, welche im Leben gelernt werden müssen, und die man aus der Stellung in

Zeichen und Haus ersieht, aus der Herrschaft sowie den Aspekten zu anderen Planeten und zu den Eckhäusern. Die erste Rückkehr Saturns ist die erste grosse Prüfung, welche der alte Schulmeister ansetzt. Jede mögliche Laune des Saturn wurde durch jeden transitierenden Aspekt während des ersten Umlaufs vorgestellt und erfahren — dies sind die vorbereitenden Lektionen, welche zur Prüfung führen. Die Rückkehr Saturns ist das astrologische Erlangen der Reife, wobei in diesem Zusammenhang das 18. und 21. Lebensjahr eine geringe Bedeutung haben.

So wird zu dieser Zeit im Leben des Individuums wahrscheinlich eine Überprüfung dessen stattfinden, worauf sich Saturn im Geburtshoroskop bezieht. Vielleicht betrifft es alle diesbezüglichen Lebensbereiche oder aber es werden nur einer oder zwei davon fokussiert. Die Proben können durch andere Menschen kommen oder in äusseren Ereignissen liegen, in finsteren Launen oder in inneren Kämpfen. Dies ist abhängig von der Fähigkeit des Individuums, die Spannung innerhalb sich selbst auszuhalten und dem Wachstum und der Transformation Eintritt zu gewähren oder von seinem Bedürfnis, die Erfahrung zu externalisieren, indem es die Schwierigkeiten auf andere Leute projiziert, so dass diese zum ersichtlichen Grund der Probleme werden und somit die persönliche Verantwortung scheinbar aufgehoben ist. Aber Saturn ist Herr über die Zeit; er ist geduldig und wartet bis zur nächsten Rückkehr mit ca. 56 bis 59 Jahren — oder er stellt Zwischenprüfungen innerhalb dieser Periode mit den 7-Jahressubzyklen, den Quadraten und der Opposition zur Geburtsposition. Von diesen ist das erste Quadrat nach der Rückkehr normalerweise das wichtigste, weil es Gelegenheit schenkt, jene losen Enden zu verbinden, welche man bei der Rückkehr selbst vielleicht ausgelassen hat.

Wie mit allen Transiten gibt es einen oder drei Zeitpunkte, je nach Rückläufigkeit, in welchen der Transit genau ist. Aber bei allen langsamen Planeten, vor allem wenn es um diese wichtigen Lebenszyklen geht, ist die Periode innerhalb des Orb um etliches wichtiger als die Tage des genauen Aspektes. Beispielsweise hatte Saturn im Geburtshoroskop auf 25 Grad Waage 1982 eine relativ kurze Rückkehr, welche sich ungefähr über den Monat Oktober erstreckte. Saturn auf 19 Grad Waage wurde während November/Dezember 1981, März/April und August/September 1982 betroffen: hier waren die Einflüsse über nahezu ein Jahr am Werk. Steht aber der Geburtssaturn auf 21 Grad Waage wird es eine besonders konzentrierte Periode gegeben haben, denn er war Ende Januar 1982 auf 22.15 Grad Waage stationär. Die Periode war stark von Dezember 1981 bis April 1982 und zog sich hin bis August/September 1982 (Fig. 3). Zur genaueren Verständigung bitte Ephemeriden zuhand nehmen). Sicherlich ist das 25 Grad Waage Beispiel die sanfteste Rückkehr Saturns. Dies kann eine Gelegenheit zur Flucht bieten, einen Seufzer der Erleichterung auszustossen und wie Ophelia den bittersüssen Weg der Tändelei weiter zu verfolgen, doch ist es empfehlenswert, den Moment zu nutzen und mit den saturnischen Lektionen zu arbeiten, wenn auch flüchtig, so dass zukünftige Saturntransite produktiver und weniger fordernd sein werden. Das 19 Grad Waage Beispiel hat seine prüfenden Momente, aber es dürfte eher ein Jahr des immer wieder neu Auswertens und des Wachstums darstellen. Der erste Zyklus der Jugend ist beendet, die Aufnahmeprüfung muss durchgemacht und dadurch eine neue Ebene erreicht werden für die nächste 28 – 30-Jahresperiode. Die Rückkehr Saturns kann fordernd und manchmal unangenehm sein, doch sie ist möglicherweise eine der ergiebigsten Zeiten im Leben eines Menschen. Das dritte, das 21 Grad Waage Beispiel, ist nicht so furchterregend wie man vielleicht meint. Insgesamt ist die Periode etwas kürzer, doch das Anhalten Saturns innerhalb eines Grades auf der Geburtsposition lässt vermuten, dass es hier unweigerlich zu einer Konfrontation mit der Aufgabestellung des Geburtssaturn kommen wird. Wurden die Lektionen gelernt, sind die Erfolge gross, das Sich-Drücken aber wird streng geahndet.

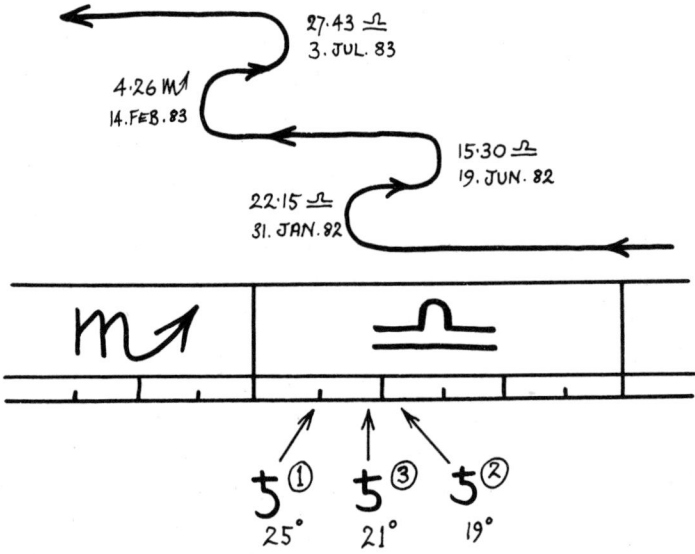

*Fig. 3: Bewegung und stationäre Phasen des transitierenden Saturn 1982 und 1983*

Die 7-Jahressubperioden innerhalb des Saturn Zyklus, die Quadrate und die Opposition, wurden bereits erwähnt und können als wesentlich kleinere Rückkehren vor und nach dem kritischen 28 – 30 Jahrespunkt verstanden werden; jedoch erleben fast alle Menschen eine zweite Rückkehr Saturns mit ca. 59 Jahren (8 × 7 = 56), und einige erreichen sogar die dritte mit rund 88½ Jahren 12 × 7 = 84). Das Prinzip dieser späteren Rückkehren ist genau dasselbe wie das der ersten, doch werden deren Qualitäten verschieden sein. Der erste Umlauf ist eine Periode, welche sich von der Unschuld über das Lernen und die Vorbereitung bis zur Aufnahmezeremonie erstreckt, welche bei der ersten Rückkehr eintrifft. Die zweite Rückkehr stellt jenen Punkt dar, an welchem eine reife Person auf die letzte Phase des Lebens zugeht und sich, im optimistischen Jungschen Sinne, auf den Tod vorbereitet. Das Leben wurde während 56 Jahren gelebt und viele Dinge wurden erfahren. Ein gewisser Grad an Reife wurde erreicht, entweder dadurch, dass man über längere Zeit in den unteren Klassen der Lebensschule geschlagen und geschunden wurde oder dadurch, dass man gewissenhaft in psychischen Lebensbereichen arbeitete, so dass ein Universitätsstatus erreicht wurde. In beiden Fällen gibt es bei der zweiten Rückkehr Saturns Möglichkeiten und Entwicklung.

Die restlichen Jahre des Lebens können zur Erfüllung kreativer Leistungen, zu glücklichem Ruhestand, reifer Ehe, Freude an Grosskindern, einem angenehmen, warmen Altweiber-Sommer und einem goldenen Herbst werden. Unglücklicherweise gibt es andere Menschen, welche dem Winter erlauben, zu früh zu kommen — eine Frau, welche mit den Wechseljahren nicht fertig wird, ein Mann, der niemals seine unrealistischen Karriereambitionen erreicht, manipulative Abhängigkeit von einem Sohn oder einer Tochter, Einsamkeit, Beruhigungsmittel, Anti-Depressiva, physische Krankheit und eine wachsende Angst vor dem Tod.

Für einen extremen Fall des zweiten Beispiels kann die bei der zweiten Rückkehr, um einer Veränderung Platz zu machen, geforderte Konfrontation zu viel werden, um wahrgenommen zu werden. Im Allgemeinen jedoch werden die Erfahrungen des Lebens ein gewisses Reifeniveau erzwungen haben, und so ist es normalerweise möglich, einen gewissen Durchbruch bei dieser Rückkehr zu erreichen. Die dritte Rückkehr entspricht, wie im Zusammenhang mit dem 84-Jahreszyklus des Uranus erwähnt, einer Abrundung des Lebens, was natürlich keine weiteren Jahre des glücklichen Lebens danach verhindert.

# Der Zyklus des progressiven Mondes

Die Bewegung des progressiven Mondes ist normalerweise etwas schneller als jene des transitierenden Saturn und die Auswirkungen des Zyklus sind wesentlich angenehmer. Das Mondprinzip beinhaltet Empfänglichkeit, Veränderlichkeit und Resonanz. Sein Zyklus steht in Beziehung mit einem möglichen Feingefühl gegenüber äusseren Ereignissen und anderen Menschen und hat demzufolge zu tun mit den Reaktionen eines Individuums auf seine Umgebung. Die Konjunktion des progressiven Mondes mit dem Geburtsmond trifft etwas früher ein als die Rückkehr Saturns und bereitet liebevoll den Boden für alle Samen, die darauf fallen werden. Unter gewissen Umständen, wenn die Geschwindigkeit von Mond und Saturn ähnlich ist, «jagt» Saturn den Mond, so dass eine Konjunktion, ein Quadrat oder eine Opposition im Geburtshoroskop durch die progressiven Stellungen über einige Jahre verlängert und verstärkt werden.

Andere wichtige Perioden dieses Zyklus sind angezeigt, wenn der progressive Mond die Hauptachsen, die Sonne oder die progressive Sonne erreicht — das letzte entspricht einem «progressiven» Neumond. Auch Saturntransite können unter diesen Gesichtspunkten betrachtet werden, und beides wird nochmals in den Kapiteln über Progressionen (siehe 3. Kapitel unter Mond) und über Transite (siehe 4. Kapitel unter Saturn) behandelt.

## Der Zyklus des Uranus

Obwohl wir alle hoffen, die Rückkehr des Uranus im Alter von 84 Jahren zu erleben und zu geniessen, ist in diesem Zyklus die Beachtung der Opposition des Uranus zu seiner Geburtsstellung, der halbe Umlauf, entscheidender. Dies geschieht ungefähr um das 42. Lebensjahr (6 × 7) und repräsentiert das, was wir oft als «mid-life crisis» bezeichnen. Im Chinesischen bedeutet das Zeichen für «Krise» das gleiche wie «Gefahr verbunden mit Gelegenheit». So kann, wenn wir in die Zukunft sehen, der halbe Umlauf des Uranus, obwohl er scheinbar bevorstehende Gefahren anzeigt, eine Gelegenheit bieten für eine sehr positive Neubewertung in der Lebensmitte. Alle Planeten haben einen gewissen Grad an Unregelmässigkeit in ihrer Umlaufbahn und deswegen ist es möglich, dass sie von den astronomischen Durchschnittsschätzungen abweichen und ihre siebenfältige Korrelation numerisch nicht ganz stimmt, obwohl sie dennoch symbolisch gültig ist. Uranus macht da keine Ausnahme.

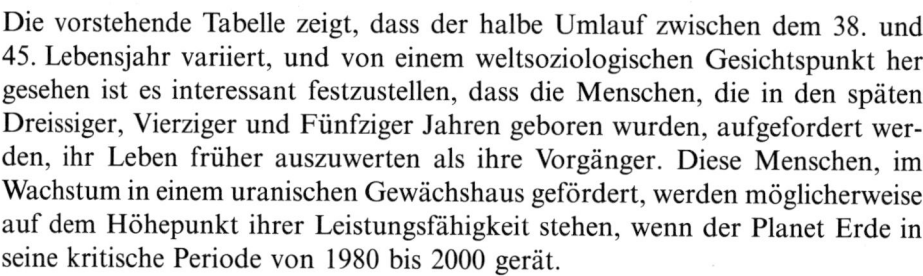

| Geburtsjahr: | Altersphase für halben Uranus-Umlauf |
|---|---|
| 1900 | 43 – 45 |
| 1910 | 43 – 45 |
| 1920 | 41 – 43 |
| 1930 | 39 – 42 |
| 1940 | 38 – 41 |
| 1950 | 38 – 40 |
| 1960 | 39 – 42 |

Die vorstehende Tabelle zeigt, dass der halbe Umlauf zwischen dem 38. und 45. Lebensjahr variiert, und von einem weltsoziologischen Gesichtspunkt her gesehen ist es interessant festzustellen, dass die Menschen, die in den späten Dreissiger, Vierziger und Fünfziger Jahren geboren wurden, aufgefordert werden, ihr Leben früher auszuwerten als ihre Vorgänger. Diese Menschen, im Wachstum in einem uranischen Gewächshaus gefördert, werden möglicherweise auf dem Höhepunkt ihrer Leistungsfähigkeit stehen, wenn der Planet Erde in seine kritische Periode von 1980 bis 2000 gerät.

26

Die Zeit, normalerweise rund 1 Jahr, in der die Uranusopposition wirkt, bietet immer eine Gelegenheit für Veränderung. Für einige ist es das Abbrechen von überholten Strukturen in ihrem Leben, das Roden und Verbrennen von altem Gewächs, so dass die neuen grünen Zweige ungehindert Licht erhalten. Das kann sehr unangenehm sein, denn viele dieser Strukturen wurden fest verankert durch Eltern, Lehrer und Glauben an die gesellschaftlichen Erwartungen; doch solche Strukturen können desgleichen Mauern sein, welche den inneren Trieb nach Fortschritt zurückhalten. Für andere Menschen können diese Strukturen zu hart sein, und sie versuchen, mit einer eigensinnigen Hartnäckigkeit aus diesen Trümmern hinauszuklettern, um genau dieselben Bauwerke wieder zu bilden. Bewusstere Individuen jedoch sind in der Lage, auf dem Kamm der Veränderungswelle zu reiten und benützen die Energie des Uranus, um da, wo es angemessen ist zu transformieren und zu diversifizieren und dennoch an dem, was von der Vergangenheit her seinen Wert hat, festzuhalten.

Die Veränderungen, welche durch den halben Umlauf des Uranus angezeigt werden, werden das ganze Leben betreffen, doch fokussieren sie wahrscheinlich vor allem jene Bereiche, welche im Geburtshoroskop von Uranus beeinflusst werden — Haus, Zeichen, Aspekte und Herrschaft. Möglicherweise ergibt sich auch gleichzeitig ein Einfluss aus der Saturn-Saturn-Opposition, welche zwischen dem 42. und 45. (6 × 7) Lebensjahr stattfindet. Einer speziellen Aufmerksamkeit bedarf auch die betroffene Häuserachse. Schwächere Einflüsse von Uranus treten durchschnittlich alle 7 Jahre ein, wenn der transitierende Planet Aspekte zu seiner Geburtsstellung macht. Die Quadrate haben nicht dieselbe Wichtigkeit wie die Opposition, jedoch sollte berücksichtigt werden, dass das erste Quadrat von Uranus mit ca. 21 (3 × 7) auftritt, einem Alter, wo die Ausbildung endet und die Karriere beginnt.

## Die Zyklen von Neptun und Pluto

Da diese Zyklen sehr langsam sind und aufgrund der Exzentrik von Pluto's Laufbahn (Neptun's Laufbahn ist fast kreisförmig), sind die zyklischen Einflüsse dieser Planeten weniger wichtig. Pluto kommt **durchschnittlich** im 42. Lebensjahr ins Sextil zu seiner Geburtsstellung (halber Umlauf des Uranus), im 63. Lebensjahr ins Quadrat (zweites Quadrat des Uranus) und ins Trigon im wichtigen Alter von 84 — doch ist daran zu erinnern, dass die wirklichen Auslösungszeiten enorm variieren. Neptun erreicht das Sextil zu seiner Geburtsstellung ca. im 28. Lebensjahr und ungefähr zur Zeit der Rückkehr Saturns; das Quadrat fällt ins 42. Lebensjahr und in den halben Umlauf des Uranus; die Opposition tritt mit ca. 84 ein.

Folgende Tabelle fasst das Gesagte zusammen:

| Alter: | ♄ | ♅ | ♆ | ♇ |
|---|---|---|---|---|
| 7 | □ | ⚼ | | |
| 14 | ☍ | ⚹ | ⚼ | |
| 21 | □ | □ | | ⚼ |
| 28 | ☌ | △ | ⚹ | |
| 35 | □ | ⚻ | | |
| 42 | ☍ | ☍ | □ | ⚹ |
| 49 | □ | ⚻ | | |
| 56 | ☌ | △ | △ | |
| 63 | □ | □ | | □ |
| 70 | ☍ | ⚹ | ⚻ | |
| 77 | □ | ⚼ | | |
| 84 | ☌ | ☌ | ☍ | △ |

*Fig. 4: Aspekte der transitierenden Planeten zu ihrer Geburtsposition nach dem siebenfältigen Prinzip*

*Nebenbei: Diese Angaben entsprechen selten dem effektiven Alter zum Zeitpunkt des genauen Aspekts, doch repräsentieren sie die siebenfältige Qualität der Zyklen.*

Wenn Neptun und Pluto in Aspekte zu ihrer Geburtsstellung gelangen, wird eine Grundlage von erhöhten Neptun- und Plutoeinflüssen geschaffen. Kurz gesagt, wird ersterer inspirieren, läutern, vergeistigen oder verwirren und letzterer die innere Veränderung, Transformation und Ausscheidung anregen, doch werden beide spezifischer gemäss ihrer Geburtsstellung in Zeichen, Haus und gemäss den Aspekten und der Herrschaft wirken. Der halbe Umlauf Neptuns, die Opposition zu seiner Geburtsstellung, fällt ungefähr im 84. Lebensjahr mit dem vollen Uranuszyklus der Veränderung und dem dritten, lehrenden Saturnzyklus zusammen. Dies ermöglicht die spirituelle Bewertung am Ende des Lebens oder aber die endgültige Verwirrung. Das schöpferische Pluto-Pluto-Sextil, theoretisch im Alter von 42 Jahren, kann den halben Umlauf des Uranus positiv unterstützen, das fordernde Quadrat aber fällt theoretisch im Alter von 63 mit den Quadraten von Uranus und Saturn zusammen, welche die Aufforderung zum Rückzug, den Herbst und den Winter des Lebens anmelden.

# Die Zyklen des Jupiter

Innerhalb der 84-Jahresperiode verlaufen sieben Jupiterzyklen, doch sonst passt dieser Planet nicht in das siebenfältige Prinzip. Vielleicht ist dies der Grund für die nicht sehr spezifische Aussagekraft der Jupiterzyklen. Eine Qualität dieses Planeten ist Optimismus, und daher erhoffen sich viele Astrologen mehr von Jupiter als normalerweise eintrifft. Die Auswirkung einer Rückkehr Jupiters wird, falls überhaupt spürbar, stark von seiner Stellung im Geburtshoroskop abhängig sein. Eine mögliche Entsprechung wäre, sich während der ein bis zwei

28

Wochen, wo die Rückkehr im Orb liegt, zufrieden entspannt und optimistisch zu fühlen, doch kann auch eine übertriebene Gefälligkeit und Ausdehnung in einem bestimmten Bereich angeregt werden. Bei der Rückkehr oder einem Aspekt schaue man sich nach Gelegenheiten im Leben um und versuche, an diesen festzuhalten, denn es gibt genug Zeiten, in welchen wir es entweder verpassen, diese Momente wahrzunehmen oder sie uns durch die Finger gleiten.

# 3. Progressionen und Direktionen

Obwohl es bei Progressionen auch eine zyklische Qualität gibt, ist diese nicht so offensichtlich wie bei jenen Zyklen, die im vorhergehenden Kapitel besprochen wurden. Sekundär-Progressionen setzen einen Tag mit einem Jahr gleich − ein Tageszyklus entspricht einem Sonnendurchlauf durch den Tierkreis. Direktionen hingegen haben keinen Bezug zu einer Realität und können daher als rein symbolisch betrachtet werden. Folgende Definitionen können das vielleicht aufzeigen:

**Transite** Der tatsächliche Verlauf der Planeten am Himmel.
**Progressionen** Der tatsächliche Verlauf der Planeten nach der Geburt, aber symbolisch bezogen auf eine bestimmte Zeitspanne oder einen Zyklus im Leben.
**Direktionen** Ein symbolisches Mass, das zu allen Planeten, <u>ungeachtet deren Geschwindigkeit</u> und Richtung zum Zeitpunkt der Geburt, hinzuaddiert wird, bezogen auf eine Periode im Leben.

Um die Gleichsetzung eines Tages mit einem Lebensjahr bei Sekundär-Progressionen zu rechtfertigen, kehren die Astrologen oft zum Propheten Hesekiel zurück, der im 4. Kapitel seines Buches in der Bibel schreibt: «Ich will dir aber die Jahre ihrer Missetat zur Anzahl der Tage machen . . . denn ich gebe dir hier auch je einen Tag für ein Jahr.» Doch scheint es ein bisschen zu fanatisch, das Wort eines Propheten, ob biblisch oder nicht, einer astrologischen Realität zugrundezulegen. Obwohl diese symbolische Entsprechung gewissen Leuten genügt, um die Theorie über Progressionen ohne weiteres zu akzeptieren, finde ich es befriedigender, die Symbolik direkt in Bezug zum Planeten Erde selber zu stellen. Ein Wesen auf der Oberfläche der Erde erlebt Licht und Dunkel von Tag und Nacht im Rhythmus der Eigenumdrehung der Erde um ihre Achse, doch die Erde als vollständiges Ganzes erfährt, während sie als Planet die Sonne umwandert, einen ‹Tag› und eine ‹Nacht› von je sechs Monaten. Vielleicht hilft es, sich zum besseren Verständnis nur die Polarachse alleine vorzustellen, ohne den Planeten − eine Linie im Raum, welche einen Umlauf macht − oder sich vorzustellen, dass der Planet sich nicht wirklich um seine eigene Achse dreht, während er um die Sonne läuft. Dies führt zu der Spekulation, dass, falls ein Jahr im Leben eines Menschen einen Tag im Leben des Planeten ausmacht, es vielleicht möglich ist, Progressionen zu errechnen für die Ganzheit, genannt Erde. Das ganze Sonnensystem seinerseits dreht sich wiederum langsam um das galaktische Zentrum, und so können wir annehmen, dass eventuell ein Erdenjahr symbolisch einem galaktischen Jahr entspricht.

In bezug auf die eher vertrauten und bewältigbaren Dimensionen eines Menschenlebens sind Progressionen im Gegensatz zu den Transiten, welche kollektiven Charakter haben, eine ausgesprochen persönliche Methode der Zukunftsdeutung. Der Stand des Uranus zu irgendeinem Zeitpunkt auf einem bestimmten Grad im Tierkreis wird beispielsweise für alle Lebewesen auf der Erde genau der gleiche sein. Eine Progression aber ist sowohl abhängig vom Geburtsdatum des Individuums als auch vom Geburtshoroskop, welches aufgrund dieser Information erstellt wird. Da ein Tag nach der Geburt einem Lebensjahr entspricht, bewegen sich die Progressionen im Horoskop langsam vorwärts. Im Kapitel über Zyklen haben wir die Bedeutung der Bewegung der progressiven Sonne durch ein Zeichen beobachtet, die im Horoskop ca. 30° und in den Ephemeriden ca. 30 Tage ausmacht, was beides 30 Lebensjahren entspricht. So wird sich die progressive Sonne, wenn sie einen wichtigen Punkt im Horoskop erreicht, zwölf Monate vor und zwölf Monate nach der exakten Übereinstimmung innerhalb einer Entfernung von einem Grad zu diesem Punkt befinden; es wird ein allmähliches Aufkommen, ein Höhepunkt und ein langsam ausklingendes Abklingen der Wirkung stattfinden. Es gibt Leute, die diese Einflüsse feinfühliger wahrnehmen als andere und die das Aufkommen eines entsprechenden Aspektes sehr früh spüren oder das Auslaufen stärker erfahren — es gibt keine Regel, doch sicherlich kann ein Wissen im voraus dem Individuum helfen, sich auf einen optimalen Umgang mit einer kommenden Progression vorzubereiten.

Wie daraus zu ersehen ist, ist es unwahrscheinlich, dass die Sonne während eines Lebens durch mehr als drei Zeichen progrediert. Wird mit einem Häusersystem gearbeitet, wo die Häuser sowohl weiter als auch enger als 30° sein können, so ist entsprechend eine längere oder begrenztere Reise durch die Häuser möglich. Die Bewegung der progressiven Sonne symbolisiert die ‹grosse Suche›, die Reise des Helden, oder den groben Umriss des für das Lebensabenteuer auserwählten Pfades. Sagen, Märchen und Mythen sind voll von solchen Suchen und Reisen, und die Ziele variieren enorm — das Goldene Vlies, das Töten des Drachens, der Heilige Gral oder die Geschichte des Lohengrin. Teil dieser Suche sind auch zahlreiche Prüfungen oder Aufgaben die im Verlauf der Reise gestellt werden — die schweren Arbeitsaufgaben des Herkules sind ein gutes Beispiel. Desgleichen wird jedes Menschenleben geprüft und gelehrt durch die Saturnrückkehren, die Uranuszyklen und die ständig variierenden progressiven Aspekte.

Die Reise der Sonne durch die Zeichen zeigt die sich verändernden Färbungen von Charakter und Reife, welche sich im Verlaufe des Lebens herausbilden. Das Sonnenzeichen des Geburtshoroskops wird wohl immer die bedeutendste Art, Charakter und Bewusstsein auszudrücken, bleiben, doch wird sie sich mit der Zeit subtil verändern. Beispielsweise wird eine Person mit der Sonne auf 20° Löwe immer die für dieses Zeichen typische grosszügige, selbstsichere Ichbezogenheit zur Schau stellen, doch wenn im Alter von ca. 10 Jahren die Sonne in die Jungfrau tritt, werden diese Merkmale durch eine peinlich genaue, hart arbeitende und weniger prahlerische Qualität ergänzt. Mit vierzig wird dann auch die anmutige, ausgeglichene und künstlerische Natur der Waage bedeutsam, während mit ca. siebzig eine skorpionische Tiefe und Intensität die letzte Phase des Lebens färben kann. Desgleichen zeigt der Weg durch die Häuser Perioden verschiedener Schwerpunktsetzung im Bereich der Aktivitäten auf. Eine Geburtssonne im zehnten Haus zeigt, dass das Individuum immer um seine Position in der Welt bemüht sein wird, um ein aktives Einbezogensein, welches über die engere Umgebung hinausreicht. Jedoch wird sich, je nach der Fähigkeit der betreffenden Person, die astrologischen Einflüsse zu nutzen, dieser grundlegende Zehnthausschwerpunkt mit dem Erreichen des elften Hauses zu einer eher idealistischen, gruppenbewussten Haltung hin umwandeln und später, im zwölften Haus, mehr in eine Zeit der Introversion übergehen. Irgendwann wandert dann die progressive Sonne über den Aszendenten und bricht durch ins erste Haus, was eine Betonung der persönlichen Stärke und Individualität mit sich bringt — spät im Leben vielleicht der Höhepunkt der Zehnthausverheissung des Geburtshoroskops. Dasselbe Prinzip kann auch auf die andern Planeten angewandt werden, doch ist es die Sonne, welche ohne ihre Möglichkeit zur Rückläufigkeit den allerwichtigsten Indikator für die Suche in einem Leben darstellt.

## Progressionen und Direktionen im Vergleich

Wenn ein Astrologe von «Progressionen» spricht, meint er fast immer Sekundär-Progressionen und schliesst vielleicht sogar noch Direktionen und Transite ein. «Ich sehe mir Deine Progressionen an» bedeutet, dass der Astrologe jene Prognosemethoden anwendet, die er normalerweise benützt, und damit die Einflüsse, die auf das Horoskop wirken, herausarbeitet. Methoden wie Tertiär-, «kleinere» und konverse Progressionen sowie Primär-Direktionen sind weniger gebräuchlich, werden jedoch kurz in Kapitel 8 beschrieben.

Sekundär-Progressionen, welche einen Tag in der Ephemeride gleichsetzen mit einem Lebensjahr, haben die Bewegung der Sonne um rund ein Grad pro Jahr zur Folge. Die tägliche Bewegung variiert zwischen 57' 12" und 6' 11", was bedeutet, dass eine sich langsam bewegende Sonne rund 38° in vierzig Jahren zurücklegen kann, oder aber, bei ihrer schnellstmöglichen Bewegung, nahezu 41°. Der progressive Mond wurde im vorhergehenden Kapitel über Zyklen erwähnt und bewegt sich viel schneller als die anderen Planeten.

Merkur, Venus und Mars variieren aufgrund ihrer gelegentlichen Rückläufigkeit viel stärker in der Geschwindigkeit ihrer Bewegung und können deshalb während eines Lebens eine grössere Distanz im Tierkreis zurücklegen als die Sonne. Doch, wie gesagt, Rückläufigkeit kann dies beschränken. Merkur z. B.

ist 19 bis 25 Tage lang rückläufig, was bedeutet, dass die meisten Menschen irgendwann in ihrem Leben diesen progressiven Planeten rückläufig erfahren. Menschen, die geboren wurden, kurz nachdem Merkur direktläufig wurde, werden diese Rückläufigkeit nie erleben, und so kann der Planet in deren Leben durch vier oder fünf Zeichen wandern. Dies wird im Detail noch später in diesem Kapitel erklärt. Untenstehende Tabelle zeigt die Perioden der Rückläufigkeit von allen Planeten:

## Rückläufigkeit

| Planet | Durchschnittliche Anzahl rückläufiger Tage | Prozentanteil der Rücklaufzeit aus der mittleren synodischen Umlaufzeit |
|---|---|---|
| Merkur | 22 (19 − 25)* | 19½% |
| Venus | 42 | 7 % |
| Mars | 74 (59 − 81)* | 9½% |
| Jupiter | 120 | 30 % |
| Saturn | 138 | 36½% |
| Uranus | 152 | 41 % |
| Neptun | 158 | 43 % |
| Pluto | 159 | 44 % |

* Spielraum − die anderen Planeten variieren nur um ein paar Tage.

Aufgrund ihrer seltenen Rückläufigkeit haben Venus und Mars relativ einheitliche Bewegungsgeschwindigkeiten. Venus ist, wenn sie direktläufig ist, etwas schneller als die Sonne. Mars ist der langsamste der persönlichen Planeten, er braucht mindestens vierzig Jahre für 30°, doch sind seine progressive Bewegung und die entsprechenden Aspekte in einem Leben sehr bedeutsam.

Hinter Mars und den Asteroiden liegen Jupiter, Saturn und die drei äusseren Planeten. Da sie sich sehr langsam durch den Tierkreis bewegen und oft rückläufig sind, ist ihre Bedeutung für Progressionen sehr begrenzt. So können beispielsweise sogar die noch am wenigsten langsamen Planeten Jupiter und Saturn in einem langen Leben höchstens durch die Hälfte bzw. durch ein Viertel eines Zeichens wandern. Die einzige brauchbare Betrachtung kann gemacht werden, wenn beispielsweise die Wirkung einer progressiven Sonne in Konjunktion mit Radix-Saturn dadurch etwas verlängert wird, dass unmittelbar danach die progressive Sonne in Konjunktion mit dem progressiven Saturn tritt. Aspekte von progressiven Planeten zu Geburtsplaneten haben zwar Vorrang gegenüber Aspekten von progressiv zu progressiv, doch haben letztere ebenfalls eine Wirkung.

Die meisten Astrologen werden beistimmen, dass Sekundär-Progressionen einflussreicher sind als irgendeine der diversen Arten von Direktionen, doch sollten auch diese beachtet werden. Es gibt drei Hauptarten von Direktionen — «Ein Grad pro Jahr», Sonnenbogen und Radix. Die Grundlage all dieser Systeme ist, dass *alle* Planeten und Achsen im Horoskop um die gleiche Gradzahl vorwärtsgeschoben werden. Folglich werden zwar die äusseren Planeten bei Direktionen viel aktiver als bei Progressionen, doch dies allein ist kein triftiger Grund, um mit Direktionen zu arbeiten. Statistisch gesehen besteht eine viel grössere Wahrscheinlichkeit, dass bei Direktionen Aspekte vorkommen, und es ist auch ein Zufälligkeitsfaktor mit im Spiel. Anders bei den Progressionen, welche auf der tatsächlichen astronomischen Bewegung der Planeten basieren. Wenn wir uns an die symbolische Wichtigkeit der Bewegung der progressiven Sonne durch die Zeichen erinnern, sehen wir, dass sich im Falle der Direktionen alle Planeten in dieser Art verhalten, was die effektive progressive Bewegung der Sonne abwertet — und letztlich ist die Sonne doch der zentrale Punkt im Horoskop, der «Herr und Schenker des Lebens».

Das *«Ein-Grad pro Jahr»-System* ist die Methode des faulen Mannes. Es wird im Horoskop alles um ein Grad pro Lebensjahr nach vorne gerückt; dazu braucht es nicht einmal die Ephemeride. Das Ganze scheint zu einfach, um wahr zu sein. Vielleicht verlassen sich die Verteidiger dieses Systems, wenn sie zufriedenstellende Entsprechungen mit Ereignissen finden, unwissentlich auf die oben erwähnte Zufälligkeit und grosse statistische Wahrscheinlichkeit. Die Sonnenbogen-Methode macht mehr Sinn, obwohl dieses System bezüglich Qualität noch immer den bereits erwähnten Vorbehalten unterliegt. Hier werden alle Planeten und Achsen um die Distanz, welche die Sonne zurückgelegt hat — den Sonnenbogen — vorwärtsgeschoben. Die entsprechenden Gradzahlen unterscheiden sich nicht wesentlich von der *«Ein-Grad pro Jahr»-Methode,* doch wenn wir annehmen, dass Direktionen tatsächlich zuverlässig mit Ereignissen zusammenfallen, macht in bezug auf zeitliche Auslösung von Aspekten der Unterschied von einigen Graden einen Unterschied von einigen Jahren aus. Die Radix-Methode ist eine komplexe Abwandlung desselben Themas. Alle Planeten, mit Ausnahme des Mondes, werden um die durchschnittliche tägliche Bewegung der Sonne, 59' 08" — bekannt als der Naibodschlüssel — vorwärtsgeschoben. Gewisse Leute vom Fach geben an, dass der Mond pro Jahr um 13° 11', seine durchschnittliche tägliche Bewegung — bekannt als der kleine Mondbogen, vorgerückt wird. Wenn man eine detaillierte und komplizierte Rechnerei vermeiden will, braucht man dafür Tabellen, doch scheint sich das ganze System zwischen zwei Stühlen zu befinden, und auch die Überlegung, den Mond im Gegensatz zu den anderen Planeten bevorzugt zu behandeln (er kommt ja ganz nahe an seine effektive progressive Bewegung heran), ist verwirrend.

Alles in allem glaube ich, dass Direktionen einer Betrachtung wert sind, wobei ich von diesen drei Methoden den Sonnenbogen bevorzuge. Zweifelsohne behandle ich sie jedoch alle als den Sekundär-Progressionen untergeordnet und benütze nur die «harten» Aspekte — Konjunktion, Quadrat und Opposition. Doch jeder Astrologe und jede Astrologin müssen sich ihre eigene Meinung bilden. Die Argumente für und gegen Progressionen und Direktionen sind eine weitere graue Zone in der Astrologie, und je mehr brauchbare Tests und Forschungen gemacht werden, desto besser wird es sein für die Entwicklung und Glaubwürdigkeit der Astrologie.

## Die Berechnung von Progressionen

Progressionen sind nicht schwierig zu berechnen. Für das 35. Lebensjahr zählen Sie zum Beispiel in der Ephemeride vom Tage der Geburt an 35 Tage weiter und notieren dann die Positionen der Planeten. Ich empfehle, dies um den äusseren Rand des Geburtshoroskops herum zu tun, vorzugsweise in einer anderen Farbe: auf diese Weise sind die progressiven Aspekte leicht zu erkennen. Steht beispielsweise die progressive Sonne in Konjunktion zum Radix-Jupiter, so wird es ein Jahr der Möglichkeiten und der Ausdehnung geben. Mit abnehmendem Orbis und damit genauer werdendem Aspekt wird sich die Auswirkung über die Dauer eines Jahres allmählich verstärken, um mit ungenauer werdendem Aspekt während eines weiteren Jahres wieder schwächer zu werden. Dieses Abklingen kann länger andauern, wenn die Position des progressiven Jupiter ein oder zwei Grad weiter ist als seine Radix-Position und sich der Aspekt daher in Form einer Konjunktion der progressiven Sonne mit dem progressiven Jupiter noch länger hinzieht.

Diese Art von groben Aussagen über zeitliche Abläufe ist gut genug für allgemeine Prognosen, bedarf jedoch der Verfeinerung, wenn mehr Genauigkeit erforderlich ist. Sie sind offensichtlich unzulänglich, was den progressiven Mond anbelangt, da dessen Bewegung im Durchschnitt knapp über ein Grad pro Monat beträgt, und sich daher die progressiven Aspekte schnell ändern werden. Folglich ist es hilfreich, das Datum im Jahr zu kennen, das genau den Positionen der Planeten in der Ephemeride (Mittag bzw. Mitternacht) entspricht. Dies befreit uns von der zusätzlichen Arbeit, die Planeten für jedes Lebensjahr im progressiven Horoskop neu zu berechnen. Das Datum, um das es hier geht, bezeichnet man normalerweise als den Indextag.

Der Indextag bezieht sich immer auf Greenwichzeit (GMT = Greenwich Mean Time), da diese auch den Ephemeriden zugrundeliegt, und jede Berechnungsmethode wird sich immer auf das Zeitintervall zwischen GMT Mitternacht (bzw. Mittag) und GMT Geburtszeit stützen. Die Schwierigkeit, der man in diesem Zusammenhang oft begegnet, ist nicht so sehr die eigentliche Berechnung des Indextages, sondern die korrekte Entsprechung zwischen einem Tag in der Ephemeride und einem Jahr im Leben — es ist leicht, sich um einen Tag zu irren, woraus sich eine Ungenauigkeit von zwölf Monaten bei allen progressiven Aspekten ergibt.

**Kalkulationsschritte:** Die folgenden Schritte sind zur Progressionsberechnung erforderlich:

1. Ermitteln Sie den Indextag, das heisst den Tag des Jahres, an welchem die Positionen der progressiven Planeten den Angaben in der Ephemeride entsprechen.
2. Ermitteln Sie den Progresstag in der Ephemeride, der dem betrachteten Jahr entspricht.
3. Berechnen Sie die progressiven Achsen.
4. Berechnen Sie die Position des progressiven Mondes <u>für jeden Monat</u> des Jahres.
5. Vergleichen Sie die berechneten Positionen mit dem Geburtshoroskop und schauen Sie, welche Aspekte sich ergeben.

Nun können Sie mit der Interpretation beginnen.

*Der Indextag:* Immer wenn es um komplizierte Konzepte geht, versuche ich eher die Prinzipien zu verstehen als Regeln auswendig zu lernen wie ein Papagei. Es ist nützlich, wenn man die Stunden vor und nach der eigentlichen Geburt betrachtet und sie mit dem progressiven Äquivalent, den ersten paar Monaten des Lebens, vergleicht. *Beispiel:* Der Indextag eines Kindes, das im Juni um 6.00 Uhr morgens geboren wurde, wird früher im Jahr liegen, da sich zur Zeit der Geburt die Planeten, bezogen auf die Mitternachtsephemeride, bereits um 6 Stunden weiterbewegt haben. (Auf die Entsprechung 1 Tag = 1 Jahr oder 24 Stund. = 12 Monate bezogen entspricht dies 3 Monaten.) Für ein anderes Baby, das erst um 18.00 Uhr desselben Tages geboren wurde, würde der Indextag 9 Monate vor der Geburt, also im September des Vorjahres liegen. Da dies zu Verwechslungen bezüglich des Jahres führen kann, ist es hier sinnvoll, für die Progressionsberechnung vom Tag nach der Geburt in der Ephemeride auszugehen, d. h. dass sich der Indextag dann nach dem Geburtstag befindet. Mitternacht des nächsten Tages liegt also bei einer Geburt um 18.00 Uhr 6 Stunden oder 3 Monate nach dem Geburtstag, in unserem Beispiel also im September des gleichen Jahres.

Bei einer Geburt vor Mittag befindet sich also der Indextag vor dem Geburtstag, bei einer Geburt nach Mittag nach dem Geburtstag, wobei wir für die Berechnung vom Tag nach dem Geburtstag ausgehen.

## Zeitliche Entsprechungen bei Progressionen

| *Ephemeride* | *Leben* |
| --- | --- |
| 1 Tag oder 24 Stunden | 1 Jahr oder 12 Monate |
| 12 Stunden | 6 Monate |
| 6 Stunden | 3 Monate |
| 2 Stunden | 1 Monat |

| | |
|---|---|
| 1 Stunde | 15 Tage |
| 30 Minuten | ca. 7½ Tage |
| 10 Minuten | ca. 2½ Tage |
| 5 Minuten | ca. 1 Tag |

Die erste Methode zur Berechnung des Indextages ist gründlich, hinreichend verlässlich und langatmig. Es ist eine rein rechnerische Methode, die gewährleistet, dass die Kalkulationsprinzipien verstanden werden. Die anderen Verfahren sind schneller.

## A. Die Arithmetische Methode

Geburtstag: 29. Mai
Geburtszeit: 21.55 Uhr GMT
Folglich beträgt der Zeitunterschied zwischen Mitternacht GMT (des nächsten Tages) und der Geburtszeit 2 Stunden und 5 Minuten.
Die Geburt ist nach Mittag, daher wird der Indextag nach dem Geburtstag sein.
Aus obiger Tabelle: 2 Stunden = 1 Monat
5 Minuten = ca. 1 Tag
Folglich ist der Indextag 1 Monat und 1 Tag nach dem 29. Mai, also am *30. Juni*.

## B. Die Kartenmethode

1. **Mittagsephemeride:** Hierfür ist es notwendig, sich zwei spezielle Tabellen zu besorgen, die als sogenannte ‹Berechnungskarte für Indextage› auf einem einzelnen Blatt erhältlich sind. Die Gebrauchsanleitungen sind klar ausgeführt, doch sei hier kurz zur Erklärung gesagt, dass die Tabelle ein schnelles Nachschlagen erlaubt, wobei man aufgrund der Durchnumerierung der Tage für jedes Datum die entsprechende Tagesnummer und für jedes Zeitintervall die progressive Entsprechung in Tagen erhält. Das Resultat bekommt man, indem man für eine Geburt am Vormittag (GMT) addiert bzw. für eine am Nachmittag subtrahiert.

Geburtstag: 29. Mai: Tag Nummer 149, bzw. 514 (Vorjahr)
Intervall: 9 Stunden und 55 Minuten, was 151 Tagen entspricht.
Nachmittagsgeburt: Ziehen Sie das Intervall von der Tagesnummer ab (in der Tabelle ist günstigerweise sowohl die Tagesnummer selbst als auch die Tagesnummer plus 365 Tage angegeben — diese wird in unserem Beispiel benötigt).

514 − 151 = 363 = *29. Dezember des Vorjahres* (Indextag)

2. **Mitternachtsephemeride:** Wird eine Mitternachtsephemeride benützt, so gehen Sie in genau der gleichen Weise vor, benützen Sie jedoch das Intervall bis

Mitternacht des nächsten Tages, welches immer hinzuaddiert wird. Es handelt sich hier um eine Nachmittagsgeburt. Für den Progresstag also vom Tag nach dem Geburtstag mit Zählen beginnen!

Geburtstag: 29. Mai: Tag Nummer 149 bzw. 514
Intervall: 2 Stunden und 5 Minuten: 31 oder 32 Tage
Mitternachtsephemeride: Addieren Sie das Intervall zur Tagesnummer:

$$149 + 31 (32) = 180 = 29. \textit{Juni} \text{ (Indextag)}$$

## C. Die Siderische Zeitmethode

Wie ich mir doch wünsche, diese einfachste und schnellste Methode schon vor Jahren gekannt zu haben — ich hätte jede Menge Zeit und Arbeit gespart! Sie benützt die siderische Zeit, und die Berechnung kann ohne zusätzliche Eintragungen neben der Aszendentenberechnung durchgeführt werden, welche bereits zur Ermittlung der lokalen siderischen GMT-Geburtszeit auf dem Standard-Horoskopformular der Fakultät für Astrologische Studien (FAS) gemacht wurde. Die Berechnungsschritte lauten wie folgt:

1. Schauen Sie die siderische Zeit für Mittag oder Mitternacht des Geburtstages in Greenwich nach (bereits auf Zeile 1 der Geburtsaszendentenberechnung auf dem FAS-Formular zu finden).

2. Berechnen Sie das Intervall zwischen GMT Geburtszeit und Mittag bzw. Mitternacht (auf Zeile 2).

(a) Ist die Geburtszeit nach Mittag (oder wird die Mitternachtsephemeride benutzt), so *subtrahieren* Sie das Intervall von der siderischen Zeit.
(b) Ist die Geburtszeit vor Mittag (und Sie benutzen eine Mittagsephemeride), so *addieren* Sie das Intervall.

N. B. Dieses Vorgehen ist *umgekehrt* zu dem, welches bei der Berechnung der siderischen Zeit für die Ermittlung des Aszendenten im Geburtshoroskop angewandt wird.

3. Diese berechnete Zeit wird in *jeder* Greenwich-Ephemeride ungefähr mit der siderischen Zeit eines bestimmten Tages in *jedem* Jahr übereinstimmen. Dies gibt uns den Indextag (bezogen auf Mittag oder Mitternacht, je nachdem, welche Ephemeride benutzt wird). Die Genauigkeit liegt innerhalb eines Zeitraumes von einem bis zwei Tagen, was für gewöhnliche Prognosearbeit vollkommen angemessen und ausreichend ist. (Ist grössere Genauigkeit erforderlich, wendet man auf das Intervall die Akzeleration *in entgegengesetzter Richtung* an und fährt in der oben beschriebenen Weise fort). Jedem, der bisher die traditionellen Methoden benützt hat, wird das Anwenden dieser Methode wahrhaftig vorkommen, als schwinge er einen Zauberstab.

| Beispiel: | Mittags-ephemeride | | | Mitternachts-ephemeride | | |
|---|---|---|---|---|---|---|
| | Std. | Min. | Sek. | Std. | Min. | Sek. |
| Siderische Zeit für das Geburts-datum 29. Mai 1982 | 4(28) | 26 | 45 | 16(40) | 24 | 46 |
| Intervall (subtrahieren — dies ist das umgekehrte Vorgehen wie bei der Aszendentenberechnung) | − 9 | 55 | 00 | −21 | 55 | 00 |
| | 18 | 31 | 45 | 18 | 29 | 46 |
| Fakultativ: einschliesslich Akze-leration (addieren — dies ist umgekehrt zu oben) | + | 1 | 38 | + | 3 | 36 |
| | 18 | 33 | 23 | 18 | 33 | 22 |

Der Indextag, entnommen aus einer Greenwich-Mittagsephemeride:

| Beispiel: | 1982 | 29. Dezember | S.Z. 18.30.27 |
|---|---|---|---|
| | | 30. Dezember | S.Z. 18.34.24 |
| | 1950 | 29. Dezember | S.Z. 18.29.29 |
| | | 30. Dezember | S.Z. 18.33.25 |
| | 1891 | 29. Dezember | S.Z. 18.32.40 |
| | | 30. Dezember | S.Z. 18.36.36 |

Der Indextag, entnommen aus einer Greenwich-Mitternachtsephemeride:

| Beispiel: | 1996 | 29. Juni | S.Z. 18.29.25 |
|---|---|---|---|
| | | 30. Juni | S.Z. 18.33.22 |
| | 1950 | 30. Juni | S.Z. 18.29.58 |
| | | 1. Juli | S.Z. 18.33.55 |

entspricht in diesem Beispiel Juni des *Vorjahres*

*Der Progresstag:* Hat man den Indextag gefunden, so ist der nächste Schritt die Ermittlung des richtigen Tages in der Ephemeride, der dem zu untersuchenden Jahr entspricht. Einfaches Weiterzählen ab dem Geburtstag oder, schlimmer noch, das Hinzuzählen des gegenwärtigen Alters in Jahren zum Geburtstag lässt jede Menge Spielraum für Fehler offen. Deshalb empfehle ich, zu den Monaten vor und nach der Geburt zurückzukehren — wird an diesem Punkt der Indextag fehlerfrei erfasst, so sind spätere Zweideutigkeiten ausgeschlossen.

In unserem Beispiel wurde das Kind am 29. Mai 1982 um 21.55 Uhr GMT geboren. In der Mittagsephemeride ist der Indextag am 29. Dezember, d. h. der Mittag in der Ephemeride entspricht dem 29. Dezember *vor der Geburt* – der Mittag des 29. Mai 1982 in der Ephemeride entspricht dem 29. Dezember 1981 in der Progression, also einem 4 Monate alten Foetus. Hier eine graphische Darstellung zum besseren Verständnis:

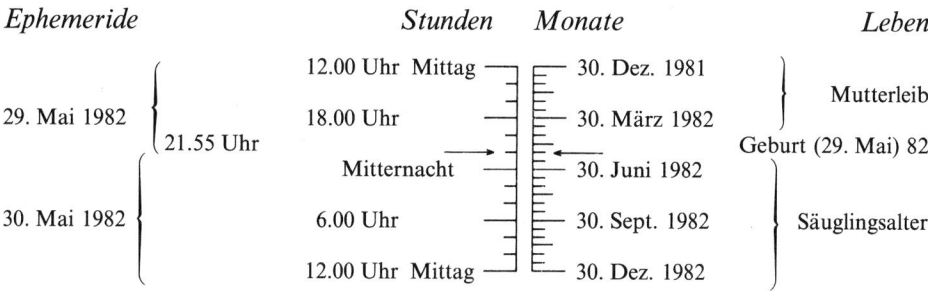

| Ephemeride | | Stunden | Monate | Leben |
|---|---|---|---|---|
| 29. Mai 1982 | | 12.00 Uhr Mittag | 30. Dez. 1981 | Mutterleib |
| | 21.55 Uhr | 18.00 Uhr | 30. März 1982 | |
| | | | | Geburt (29. Mai) 82 |
| | | Mitternacht | 30. Juni 1982 | |
| 30. Mai 1982 | | 6.00 Uhr | 30. Sept. 1982 | Säuglingsalter |
| | | 12.00 Uhr Mittag | 30. Dez. 1982 | |

Der Indextag in der Mitternachtsephemeride ist der 30. Juni, die Mitternachtsephemeriden des 29. Mai 1982 entsprechen also dem 30. Juni 1981, also fast einem Jahr vor der Geburt (Nachmittagsgeburt). Es scheint in diesem Fall einfacher für die Berechnung des Progressionstages, vom Tag nach der Geburt auszugehen und den Indextag auf die Zeit nach der Geburt zu verlegen (30. Juni 1982).

Um die Richtigkeit des Progressionsjahres zu gewährleisten, besteht meine Methode darin, dass ich die Spitze meines Bleistiftes an der Stelle in der Ephemeride selbst aufsetze, wo diese Tage gedruckt sind, und zwar auf das Geburtsdatum für eine Vormittagsgeburt und auf den Tag nach dem Geburtsdatum für eine Nachmittagsgeburt. So kann ich mir optisch vor Augen halten, welcher Ephemeridentag sich auf welches Progressionsjahr bezieht. Jemand anders mag es vorziehen, sich einfach folgendes Schema zu merken: «Vormittagsgeburt – früherer Indextag, Nachmittagsgeburt – späterer Indextag/ Geburtstag + 1 Tag». Besondere Vorsicht ist bei denjenigen Geburten geboten, deren GMT-Datum sich vom tatsächlichen Geburtsdatum unterscheidet. Eine goldene Regel ist es, nur GMT-Daten zu verwenden – die Ephemeriden sind auf Greenwich bezogen, und alle Ihre Berechnungen sollten es ebenfalls sein. Steht das Progressionsjahr für diese Zeitspanne um den tatsächlichen Geburtstag herum einmal fest, dann ist es ein Einfaches, die Jahre in der Ephemeride abzuzählen – für detailliertere Arbeiten, einschliesslich Lebensrückschauanalysen, ist es hilfreich, jedes fünfte oder zehnte Jahr mit dem Bleistift am Rande zu vermerken.

# Die Berechnung der progressiven Achsen

Zwei Methoden zur Berechnung des progressiven MCs und des progressiven Aszendenten werden hier vorgestellt. Hat man den Tag in der Ephemeride gefunden, der dem zu untersuchenden Jahr entspricht, so gibt es zwei Alternativen:

1. **Siderische Zeit:** Nehmen Sie die siderische Zeit für das neue Datum und führen Sie eine Aszendentenberechnung in der gleichen Weise wie für das Geburtshoroskop durch — auch unter Verwendung der gleichen Ortszeit wie beim Geburtshoroskop. Suchen Sie anschliessend den MC und den Aszendenten für den Geburtsbreitengrad in einer Häusertabelle.

2. **Sonnenbogen:** Berechnen Sie den Sonnenbogen (progressive Sonne minus Radix-Sonne). Addieren Sie diesen zum MC und schlagen Sie den entsprechenden Aszendenten für die Geburtsbreite in einer Häusertabelle nach.

| | | |
|---|---|---|
| *Beispiel:* | (a) Radix-Sonne | — 8° 10′ Zwillinge |
| | (b) progressive Sonne | −27° 53′ Zwillinge |
| | *Sie subtrahieren* (a) *von* (b) *und erhalten:* | |
| | Sonnenbogen | −19° 43′ |
| | Radix-MC | −15° Schütze |
| | Radix-Aszendent | −23° 29′ Wassermann |
| | (Londoner Häusertabelle) | |
| | *Sie addieren den Sonnenbogen zum MC und erhalten:* | |
| | progressiver MC | — 4° 43′ Steinbock |
| | *Diesem MC entspricht:* | |
| | progressiver Aszendent | −12° 19′ Widder |

Diese zweite Methode ist einfacher, und die wenige dafür notwendige Rechenarbeit muss ohnehin geleistet werden, wenn man auch Sonnenbogen-Direktionen benützt. Ich persönlich fühle mich wohler dabei, als Grundlage für die Berechnung die tatsächliche Bewegung der Sonne zu benutzen, anstatt den weniger greifbaren Ablauf der siderischen Zeit.

R. C. Davison sagt in seinem Buch *The Technique of Prediction* «Es ist möglich, alle wichtigen Ereignisse eines Lebens vorherzusagen, indem man nur die Direktionen benützt, die mit den Achsen und der Sonne zu tun haben.» Obgleich ich prinzipiell der Ansicht zustimme, dass die Achsen und die Sonne extrem wichtige Indikatoren sind, ist es in der Praxis für den Durchschnittsamateur ebenso wie für den professionellen astrologischen Berater doch so, dass die meisten Leute ihre genaue Geburtszeit nicht kennen und daher die progressiven Achsen oft nur von begrenztem Nutzen sind. Man darf nicht vergessen, dass eine Abweichung der Achsen im Radix-Horoskop um ein paar Grade in die eine oder andere Richtung in den Progressionen eine zeitliche Abweichung von ein paar *Jahren* nach sich ziehen wird. Ein rektifiziertes Horoskop (siehe Kapitel 8) mag zwar angeblich sehr genau sein, aber sogar in einem solchen Fall behandle ich die progressiven Achsen mit Vorsicht. Wie ein besonders geschäftstüchtiger Berufsastrologe einmal sagte: «Man kann eine Menge Geld verdienen, indem man die Rektifikationen anderer Leute rektifiziert!» Wenn jedoch die Geburtszeit genau bekannt ist oder das rektifizierte Horoskop sich als verlässlich erwiesen hat (soweit das möglich ist), dann sind der Aszendent und der MC ohne Frage von grossem Wert für Progressionen. Viele Astrologen progredieren auch die Häuserspitzen und suchen nach Aspekten zu diesen Punkten, um so zusätzliche Informationen für eine Prognose zu erhalten.

## Die Berechnung der progressiven Stellungen des Mondes

Obgleich es ziemlich einfach ist, die monatlichen Positionen des progressiven Mondes zu berechnen, sind die einzelnen Schritte unten aufgeführt. Nehmen wir einmal an, wir untersuchen das Jahr um den einundzwanzigsten Geburtstag des Kindes, das am 29. Mai 1982 um 21.55 Uhr geboren wurde. Als Indextag (in der Mittagsephemeride) wurde der 29. Dezember 1981 berechnet, und der einundzwanzigste Geburtstag wird der 29. Mai 2003 sein.

1. Der Progresstag: Der Mittag des 20. Juni 1982 entspricht dem 29. Dez. 2002

2. Der Verlauf des Mondes: (a) Mittag 19. Juni — 29° 38' Stier
                                     (b) Mittag 20. Juni — 14° 41' Zwillinge
                              «44° 41' Stier»
                              *Subtrahieren Sie* (a) *von* (b) — 15° 03'
Folglich wandert der progressive Mond 15° 03' in dem untersuchten Jahr.

3. Die monatlichen Positionen: *Dividieren Sie die Bewegung durch 12* = 1° 15¼' pro Monat.

| | | |
|---|---|---|
| 29. Dezember | 2002 — | 29° 38' Stier |
| 29. Januar | 2003 — | 0° 53' Zwillinge |
| 28. Februar | 2003 — | 2° 08' Zwillinge |
| 29. März | 2003 — | 3° 23' Zwillinge |
| 29. April | 2003 — | 4° 39' Zwillinge |
| 29. Mai | 2003 — | 5° 54' Zwillinge |
| 29. Juni | 2003 — | 7° 09' Zwillinge |
| 29. Juli | 2003 — | 8° 24' Zwillinge |
| 29. August | 2003 — | 9° 40' Zwillinge |
| 29. September | 2003 — | 10° 55' Zwillinge |

43

29. Oktober    2003 — 12° 10′ Zwillinge
29. November  2003 — 13° 25′ Zwillinge
29. Dezember  2003 — 14° 41′ Zwillinge

## Kommentare zur Interpretation

Die folgenden Abschnitte sollen als Grundlage dienen, um die spezifischen Interpretationen der fünf progressiven persönlichen Planeten in einzelnen Horoskopen auszuarbeiten. In Kapitel 6 sind sämtliche Aspekte kurz beschrieben, doch muss man bedenken, dass sie nur von begrenztem Nutzen sind, da die Umstände jedes einzelnen Geburtshoroskops so viele Abwandlungen der Standardinterpretation bewirken. Die *Prinzipien* der Interpretation von progressiven Bewegungen und die schon besprochenen allgemeineren Betrachtungen werden dem Lernenden mehr von Nutzen sein. Es ist wichtig, das Geburtshoroskop als ein Ganzes zu verstehen, und es muss immer der Bezug zur Bedeutung jedes einzelnen Planeten *im Geburtshoroskop* hergestellt werden.

**Die progressive Sonne:** Viele der relevanten Punkte wurden bereits besprochen. Erinnern Sie sich der symbolischen Reise, die die Sonne während eines Lebens durch bestimmte Zeichen und Häuser unternimmt. Der grundsätzliche Charakter des Sonnenzeichens wird von den späteren Zeichen gefärbt, doch ist es die Übergangsperiode von einem Zeichen zum andern, der die grösste Bedeutung zukommt. Die durchwanderten Häuser werden die schrittweise Entwicklung des Hauptschwerpunktes, um den sich ein Leben konzentriert, aufzeigen, wobei die eigentlichen Wechsel sich als allmähliche Verschiebungen von den letzten paar Graden eines Hauses bis zu den ersten paar des nächsten Hauses erstrecken werden. Nicht zu vergessen ist auch der dreissigjährige Zyklus der Aspekte, welche die Sonne während ihrer Progression durch jedes Zeichen bildet.

Im Horoskop ist die Sonne der Drang nach Bewusstsein und Ausdruck der eigenen Persönlichkeit, und ihre progressive Fortschreitung verkörpert den dynamischen Aspekt dieses Drangs: Gelegenheiten für Wachstum und Transformation; Konfrontationen, die die betreffende Person möglicherweise braucht, um sich weiter auf ihr eigenes wahres, innerstes Wesen zuzubewegen. Der Prozess der Bewusstwerdung ist nicht einfach und kann auch schmerzliche Erfahrungen beinhalten; aber auf lange Sicht wird er überreichlich belohnt und ist jedem kurzfristigen scheinbaren Wohlergehen, welches dem psychologischen Säuglingsalter gleichkommt, bei weitem vorzuziehen. Jeder Aspekt, an dem die progressive Sonne beteiligt ist, sollte als bedeutsam im Sinne von Perioden des Strebens nach dem Ausdruck von Bewusstsein (oder jedenfalls der Möglichkeiten dazu) angesehen werden. Dabei ist die Konjunktion der stärkste und wichtigste Aspekt, gefolgt von den Oppositionen und dann den Quadraten.

44

**Der progressive Merkur:** Die geistige und intellektuelle Entwicklung des Einzelnen wird durch Merkurs Progression durch das Horoskop dargestellt. Dieser Planet wird dann von besonderer Relevanz sein, wenn die von ihm beherrschten Zeichen, Zwillinge oder Jungfrau, am Aszendenten stehen, oder − allerdings in geringerem Ausmass − wenn eines von beiden das Sonnenzeichen ist. Die Art und Weise, wie Merkur sich zum Ausdruck bringt, wird sich mit seiner Fortschreitung von Zeichen zu Zeichen subtil verändern − am deutlichsten bei den Übergängen − und der Fokus seiner Aktivität wird mit seiner Häuserposition zusammenhängen. Dennoch wird seine Haus- und Zeichenplazierung im Radix-Horoskop immer vorherrschend bleiben.

Rückläufigkeit und stationäre Phasen sind oft von grosser Wichtigkeit, egal ob Zwillinge und Jungfrau im Horoskop besonders betont sind oder nicht. Die meisten Leute werden irgendwann in ihrem Leben einen Stillstand des progressiven Merkur erleben. Der Einfluss dauert gewöhnlich ein Jahr lang, kann sich jedoch bis auf drei Jahre erstrecken. Ist der Stillstand vorüber, so spielt es im allgemeinen eine untergeordnete Rolle, ob eine direkt- oder rückläufige Bewegung folgt. Es gibt drei verschiedene Arten von Umständen, in welchen sich ein Merkurstillstand ergeben kann:

1. Rückläufig bei der Geburt, wird vor dem 25. Altersjahr direktläufig.
2. Rückläufig und direktläufig während des Lebens:
   (a) Rückläufig vor der Saturnrückkehr
   (b) Rückläufig nach der Saturnrückkehr.
3. Wird im späten Leben rückläufig.

Ist Merkur im Geburtshoroskop rückläufig, so kann der Intellekt und der Drang nach Kommunikation (oder die Unbefangenheit im Umgang damit) eher introvertiert, nach innen gerichtet oder sogar leicht eingeschränkt sein, je nach Merkurs Stellung im Horoskop. Zur Zeit wenn der progressive Merkur direktläufig wird, wird sich die Gelegenheit auftun, eine Ausweitung auf der Ebene des Verstandes zu erfahren. Im obigen Fall 1 wird dies normalerweise während der Schul- oder Studienzeit geschehen, und dies bringt oft einen Durchbruch in bezug auf die Lernfähigkeit mit sich. In Fall 2 hat die Wende zur Direktläufigkeit einen entsprechenden positiven Effekt. Jedoch kann sich dieser beim Erwachsenen auch günstig auf den geschäftlichen oder gesellschaftlichen Bereich auswirken, was oftmals mit einer Erweiterung der geistigen Interessen einhergeht. Der vielleicht schwierigste Fall ist der, bei dem der Stillstand zur Rückläufigkeit vor der Saturnrückkehr eintritt: Die betreffende Person ist noch damit beschäftigt, sich mit jenem ersten Zyklus der Entwicklung zur Reife hin auseinanderzusetzen, und die Rückläufigkeit des progressiven Merkur zwingt diese Person zu geistiger Introversion zu einer Zeit, in der die natürliche Entwicklung sich auf das «Ausschlüpfen des Schmetterlings aus der Puppe» zubewegt. Dies fällt oft mit einer Periode schulischer Schwierigkeiten zusammen. Wenn, wie in den Fällen 2(b) und 3, die Wende zur Rückläufigkeit später im Leben eintritt, kann sich der Einfluss in einer stillen Produktivität und Kreativität äussern — einer Erfahrung, die etwa so ist wie die Befruchtung eines Eies im «Mutterleib» des Verstandes. Dieser Fall bleibt nur dann ohne Nutzen, wenn die Person bisher gelebt hat, ohne sich des natürlichen Flusses ihres Lebens klar bewusst zu sein — das Angebot der Psyche, nach innen zu schauen, wird dann als Drohung empfunden und die Erfahrung durch Misstrauen verdorben.

**Die progressive Venus und der progressive Mars:** Die Bewegung von Venus und Mars durch das Horoskop zeigt die Entwicklung von Beziehung bzw. Initiative, von weiblichem bzw. männlichem Prinzip und von passiver Kreativität bzw. aktiver Unabhängigkeit. Die Aspekte sind wichtiger als die progressiven Positionen nach Zeichen und Häusern, und die Konjunktionen sind die bedeutsamsten Faktoren. Da der maximale Winkelabstand der Venus von der Sonne 48° beträgt, wird zu irgendeinem Zeitpunkt des Lebens entweder die Sonne zur Venus progredieren oder, wenn sie nicht rückläufig wird, die Venus zur Sonne. Dieser Aspekt beinhaltet eine grosse Wahrscheinlichkeit für eine wichtige Beziehung, oft sogar Heirat, oder er kann ein Aufblühen oder eine Festigung einer bestehenden Beziehung anzeigen. In manchen Horoskopen taucht dieser Aspekt in einem zu jungen Alter auf, um in dieser Weise genutzt zu werden, und daher kann zum Beispiel ein nachfolgendes Sextil ein zuverlässiger Indikator für eine Beziehung sein. Es ist wichtig, sich daran zu erinnern, dass Venus in den meisten Horoskopen auch andere Bedeutungen als nur die der Beziehungen hat — jedermann, einschliesslich der Astrologe, hat einen Romantiker und einen Ehestifter in sich, und man kann sich bei der Interpretation dieses Planeten leicht durch Amors Zauber blenden lassen. Marsaspekte deuten auf die Entwicklung oder Einschränkung von Energie, Elan, Initiative, Mut und Sexualität hin. Da weder Venus noch Mars bedeutende rückläufige Perioden haben, ist es ungewöhnlich, während des Lebens einen Stillstand zu erleben. Ist Venus jedoch bei der Geburt rückläufig, so wird sie wahrscheinlich während des Lebens direktläufig werden, und dies legt die Vermutung nahe, dass sich die betreffende Person von der Schale befreien wird, auf welche die Radix-Venus hindeutet. Sowohl den Venus- als auch den Marsstillständen sollte, wenn sie auftreten, bei der Interpretation gebührendes Gewicht beigemessen werden.

**Der progressive Mond:** Auf seiner relativ raschen Wanderung durch das Horoskop erzeugt der Mond passive und reaktive Kräfte. Seine Auswirkungen mögen nicht so klar erkennbar sein wie zum Beispiel diejenigen bei Aspekten der Sonne oder Konjunktionen des progressiven Mars, doch ist er immer ein wichtiger Indikator. Selbstverständlich muss man seiner Bedeutung und seinem Element im Geburtshoroskop Rechnung tragen; in Anbetracht seiner Assoziation mit dem Zeichen Krebs und den Gezeiten wird der Mondeinfluss jedoch ganz allgemein mit Sicherheitsgefühlen und emotionalem Wohlergehen zu tun haben: wir sind weniger direkt betroffen, eher dahingetragen wie ein Boot im Wasser der Gezeiten. Alle vom progressiven Mond gebildeten Aspekte sind relevant, die Konjunktion ist jedoch der wichtigste, gefolgt von der Opposition und schliesslich den Quadraten.

Die Wanderung des Mondes durch die Häuser konfrontiert den Einzelnen der Reihe nach mit den Angelegenheiten jedes Hauses und fordert von ihm, über seine innere, gefühlsmässige Beziehung zu dem betreffenden Haus zu reflektieren. Die Bewegung durch die Quadranten sollte beachtet werden, insbesondere die Konjunktionen mit den Achsen, die den Beginn neuer Zyklen anzeigen — Individualität; Wurzeln, Familie und Sicherheit; Partnerschaft; Karriere und extrovertierter Selbstausdruck in der Welt — je nachdem, welche Achse angesprochen wird. Auch die den einzelnen Häusern zugeschriebenen Qualitäten und Elemente sind relevant:

| | | |
|---|---|---|
| 1.4.7.10: kardinal | = | neue Initiativen |
| 2.5.8.11: fix | = | Festigung |
| 3.6.9.12: veränderlich | = | Ausbreitung |
| 1.5. 9: Feuer | = | Aktivität, Kreativität und Extraversion |
| 2.6.10: Erde | = | Sachlichkeit, Realität und Pflicht |
| 3.7.11: Luft | = | Konzepte, Ideen und Planung |
| 4.8.12: Wasser | = | Empfindsamkeit, Gefühlstiefe und Introversion |

Normalerweise ist die Bewegung durch die Zeichen weniger wichtig, kann jedoch geringfügige Veränderungen im Gefühlsausdruck bewirken, besonders um die Zeit des eigentlichen Übergangs. Konjunktionen des progressiven Mondes entweder mit Radix-Sonne oder progressiver Sonne (letztere ist ein progressiver Neumond) deuten beide auf den Beginn eines neuen Erfahrungszyklus' hin, wobei die Bedeutung und die Stellung der beiden Gestirne im Geburtshoroskop massgebend ist.

# 4. Transite

Die Prinzipien, welche hinter den Transiten liegen, sind um etliches einfacher als jene der Progressionen. Hier betrachten wir die Planeten in ihrer aktuellen Position am Himmel zu irgendeinem gegebenen Zeitpunkt. Läuft ein Planet über einen wichtigen Grad im Geburtshoroskop (z. B. Aszendent oder Sonne) oder bildet er einen Aspekt auf diesen Grad, wird die Energie des transitierenden Planeten auf diesen spezifischen Punkt im Geburtshoroskop gerichtet und dieser entsprechend beeinflusst. Die transitierenden Planeten sind, im Gegensatz zu den Progressionen, relativ schnell und haben somit, anders als die hintergründigen Einflüsse der Progressionen, oft Bezug auf Ereignisse und spezifische Vorfälle im Leben.

Dennoch sind die Wirkungen von Transiten nicht immer gleich zu erkennen, da Vorfälle und Ereignisse auf viele verschiedene Arten und unterschiedlichen Stufen auftreten können. Es wird immer zum Zeitpunkt eines Transits ein «Ereignis» stattfinden, doch kann dieses sich sehr wohl tief im Innern eines Individuums vollziehen und in der äusseren Welt unsichtbar bleiben, bis irgendwann, vielleicht Jahre nach dem tatsächlichen Transit, ein anderer Transit oder ein Aspekt des progressiven Mondes dieses sich später manifestierende Ereignis auslöst. Diese Ebenen von innerer und äusserer Realität können auf drei Arten angesehen werden. Im ersten Fall gibt es keine ersichtliche Wirkung. Das Individuum lebt in einem niedrigen Bewusstsein, ist nicht willens, sich mit den Aufgaben des Lebens auseinanderzusetzen und zieht es vor, in einem psychologisch betäubten Zustand zu verharren. Daher wird die Energie des transitierenden Planeten vergeudet und die Gelegenheit zu Wachstum und Entwicklung offensichtlich verpasst. Doch den Transit hat es gegeben, und sein Einfluss ist irgendwo in der Psyche gespeichert. Später im Leben wird sich dann, unter einer anderen astrologischen Verbindung, ein wichtiger Vorfall ereignen, jedoch einer, der durch die Tatsache, dass die beim ersten Transit verfügbare Energie unterdrückt wurde, härter oder sogar schlimmer ist.

Die zweite und häufigste Möglichkeit ist die offensichtlich direkte Korrelation des Transits mit einem Ereignis im Leben. Da es im Zusammenhang mit der Kombination von zwei Planeten so viele verschiedene Varianten und Möglichkeiten gibt (z. B. Häuserbesetzungen, Herrscher der Häuser, wichtige Geburtsaspekte und bis zu einem gewissen Grade die betroffenen Zeichen), können sehr unterschiedliche Ereignisse stattfinden, wovon alle ihre Gültigkeit haben. Es gilt immer daran zu erinnern, dass die Menschen nicht wirklich der Gnade oder Ungnade von äusseren Mächten ausgeliefert sind, sondern dass wir die Umstände, die wir brauchen, verdienen oder die entscheidend sind, für unsere Entwicklung selber schaffen. Die Aussage «Er hatte einen Unfall» meint, dass der Unfall dem Individuum widerfuhr, wobei es wahrscheinlicher ist, dass «das Individuum dem Unfall widerfuhr» — es ist sicher angemessener, das Ereignis in dieser Art zu verstehen.

Gewisse Transite können ihre Entsprechung tatsächlich in Unfällen finden, doch ist es nicht immer zwingend, dass sich derartige Transite auf diese Art manifestieren. Das Auftreten von Krankheit und unglücklichen Ereignissen deutet oft darauf hin, dass das Individuum etwas in seinem Leben nicht beachtet hat und der einzige Weg, ihm die Realität (vielleicht eine unangenehme Realität) zu offenbaren, über das «Unglück» führt. Ein einfaches Beispiel ist der Workaholik, der alle Warnsignale bezüglich Überanstrengung missachtet und dann den Wagen zu Schrott fährt oder sich eine Bandscheibenverletzung zuzieht.

Im Zusammenhang mit dieser zweiten Möglichkeit, mit inneren und äusseren Realitäten umzugehen, haben wir Beispiele diskutiert, welche sich nicht wesentlich bewusster abspielen als in der ersten Variante, wo der Transit scheinbar ganz ohne Wirkung war. Doch der anscheinende Kurzzeit-Trost — das vermeintliche «Unter den Tisch wischen» — speichert zukünftigen Schmerz, und so ist es weit mehr vorzuziehen, mit der Entwicklung des Bewusstseins zu beginnen, sogar wenn das bedeutet, die kleinen Schläge des Lebens einzustecken. Natürlich aber kann derselbe Transit im gleichen Masse auch positivere Ereignisse mit sich bringen. Beispielsweise kann ein über die Sonne transitierender Saturn tatsächlich Krankheit bewirken, doch kann er desgleichen eine Schwiegermutter, die bleibt, mitbringen, und das könnte die Gelegenheit sein, sich einen schwierigen Waffenstillstand einzuhandeln und zu lernen, mit dem alten Drachen umzugehen! Dieser Transit kann auch Druck durch Zusatzarbeit, die nicht vermieden werden kann, bedeuten, vielleicht sogar in Form einer Beförderung oder erweiterten Verantwortung in einer Anstellung.

Bei der dritten Möglichkeit scheint es wieder, dass keine äusseren Ereignisse mit dem Transit einhergehen. Hier hat das Individuum die Energie innerhalb seiner eigenen alchimistischen Retorte behalten und konzentriert sich auf seine eigene innere Entwicklung. Der oben erwähnte Saturn-Sonne Kontakt würde zweifelsohne eine ernsthafte Haltung im Leben und ziemlich sicher eine etwas melancholisch gefärbte Strenge hervorrufen, doch wäre dies die notwendige Geisteshaltung, welche dem Individuum erlaubt, die Forderungen dieser Periode für seine psychologische Entwicklung im konstruktiven Sinne wahrzunehmen.

Unsere Reaktion auf Transite reflektiert unser Verhältnis zu unserer Umgebung und zur Gesellschaft. Wie im vorhergehenden Kapitel aufgezeigt, sind Progressionen von sehr individueller Wirksamkeit, doch weitreichend und anhaltend in ihrer Wirkung. Transite haben die Qualität einer grösseren Unmittelbarkeit, hingegen einen Bezug zum Kollektiven — jedermann auf der Erde erfährt dieselben Bewegungen aller Planeten, auch wenn jedes einzelne Geburtshoroskop individuell und anders betroffen wird. Die drei Ebenen von innerer und äusserer Realität zeigen auf, wie die Menschen gemäss ihrem Bewusstseinsstand und ihrer persönlichen Entwicklung via die Transite die Umwelt auf verschiedene Art für ihre notwendigen Erfahrungen in Anspruch nehmen — im Moment oder verspätet, hart oder weich, konstruktiv oder beunruhigend. Auch das Alter einer Person verändert die Erfahrungsebene.

Dafür ist ein Jupitertransit, obwohl er kurz und nicht so wirkungsvoll ist, ein gutes Beispiel. Früh im Leben kann er vielleicht zum Reisen anregen, während derselbe Transit bei einer älteren Person das geistige Reisen, tiefsinnigeres Denken, reife Überlegungen, Interesse für Philosophie oder Religion, bewirken kann. Ganz spät im Leben könnte dieser Transit einhergehen mit einer glücklichen letzten Reise und einem Loslassen vom Leben.

Die gesellschaftlichen Auswirkungen von Transiten sollten nicht ausser Acht gelassen werden. Menschen verschiedener Rasse und Nationalität reagieren unterschiedlich auf die psychologischen und umgebungsabhängigen Einflüsse, die mit einem bestimmten Transit einhergehen; desgleichen sind auch sozioökonomische Unterschiede und die Erziehungsformen bedeutsam. Heirat und Beziehung sind das klarste Beispiel. Angenommen die beiden Partner in einer Ehe bekommen Schwierigkeiten, wenn Uranus oder Pluto über die Venus transitieren oder ins siebte Haus kommen. In einer absoluten und fanatischen islamischen Gesellschaft kann Untreue mit dem Tod bestraft werden; vom gottesfürchtigen Katholiken wird erwartet, dass er in der Ehe ausharrt und Trost und Rettung im Gebet sucht; das durchschnittliche, anglikanische Paar würde sich wahrscheinlich zur Trennung oder Scheidung entschliessen — schneller und leichter natürlich, wenn sie finanziell gut gestellt und nicht geizig oder gegeneinander aufgebracht sind. Das aus armen Verhältnissen stammende Paar erfährt den Transit vielleicht durch Gewalt und übermässiges Trinken, während die Ehe mit einem glücklicheren Hintergrund die astrologischen Energien benützen könnte, um eine Lösung mittels einer Ehetherapie oder Analyse zu finden. Wenn dieses Beispiel hundert Jahre zurückliegen würde, hätte die Viktorianische Ethik eine ganz andere Reaktion erzwungen als heute — sogar eine Verlobung aufzulösen war zu jenen Zeiten ein unerhörter Skandal. Noch weiter zurück in der Geschichte hätte Heinrich der Achte seine Gattin enthauptet, am französischen Hof des **grand siècle** wäre die Ehe in ihrer sozialen Fassade gleich geblieben, doch wäre Aufruhr unter die Liebenden, die Liaisons und Intrigen hinter den Kulissen gekommen.

# Die Interpretation von Transiten

In Anbetracht dessen, dass Transite kollektiven, Geburtshoroskope hingegen individuellen Charakter haben, leuchtet es ein, dass bei der Deutung der transitierende Planet im Rampenlicht steht, dass in dessen Bereichen, entsprechend seiner Stellung im Geburtshoroskop, Gelegenheit zur Entwicklung geboten wird. Dies gilt ebenfalls für Achsen und Häuser. Der transitierende Planet seinerseits bestimmt die Farbe des Lichtes oder die Art der Gelegenheit, an der Entwicklung zu arbeiten. Desgleichen sollten die Transite durch die Häuser, auch wenn sie keine Aspekte bilden, berücksichtigt werden, denn daraus kann ersichtlich werden, worauf sich die Energien der verschiedenen Planeten — kollektive und umweltbedingte Energien — gemäss dem Erfahrungsbereich des betreffenden Individuums während dieser Zeit konzentrieren.

Transite durch die Zeichen sind weniger wichtig, obwohl bereits der Eintritt des transitierenden Planeten in das Sonnenzeichen, das Zeichen des Aszendenten oder in ein anderes stark betontes Zeichen sowie die ganze Zeit, in der er sich darin befindet, gespürt werden kann. Dies ist sowohl beim differenzierten Individuum mit einer entwickelten Empfindungsfähigkeit als auch bei einer weniger individuell lebenden und eher auf Kollektiveinflüsse reagierenden Person möglich.

# Die persönlichen Planeten

Transite von Sonne, Mond, Merkur, Venus und Mars sind von zu kurzer Dauer, als dass ihnen in der astrologischen Prognose grosse Wichtigkeit zugesprochen würde. In der sehr detaillierten Analyse jedoch können auch diese betrachtet werden und bezüglich der täglichen Einflüsse hilfreich sein. Wo es jedoch um breitere, entwicklungsbezogene Untersuchungen geht, sind sie kaum brauchbar. Die Sonnenzeichenkolumnen in der Tagespresse basieren auf diesen Transiten, indem sie die zwölf Zeichen als vom Sonnenzeichen her gezählte Sonnenhäuser behandelt. Bestimmt haben jedes kleine Ereignis, jede Laune, jeder Gedanke, jedes Vorkommnis, jede Veränderung oder Episode, die sich im Laufe eines Tages abspielen, ihre astrologische Entsprechung: schwache Aspekte, die innerhalb von wenigen Momenten kommen und gehen und unwichtigere Punkte im Horoskop betreffen. Doch eine solche Anhäufung von Kleinigkeiten würde sogar den besten Experten für Computerprogrammierung strapazieren, und ich bezweifle, dass sich der Aufwand für eine solche Computerisierung, auch wenn sie möglich wäre, lohnt.

Ein Transit von Mars ist oft ein Aktivitätsstimulator, welcher einen bestimmten Punkt im Geburtshoroskop mit Energie versieht und anderen länger wirkenden Indikatoren zur deutlichen Wirkung verhilft. Beim Lauf des Mars durch die Häuser kann manchmal eine Entsprechung mit erhöhter Aktivität im entsprechenden Lebensbereich beobachtet werden. Die Bewegung von Sonne und Mond über die Hauptachsen und andere empfindliche Punkte im Horoskop können gelegentlich für eine kurze Zeit spezifische Feinfühligkeit hervorrufen, doch sind das sehr kurzlebige Momente. Es ist selten, dass Merkur- oder Venustransite gespürt werden. Trotzdem sollten die täglichen Transite, wenn jemand mit dem Horoskop für ein bestimmtes Unternehmen den besten Tag zu finden sucht, in Betracht gezogen werden.

Es gibt zwei Fälle, bei welchen diese täglichen Bewegungen wichtig sind. Erstens sollten die Wendepunkte aller Planeten immer notiert werden – eine gute Idee ist, sie in den Ephemeriden zu unterstreichen; gewisse Astrologen markieren sogar die ganze Periode der Rückläufigkeit. Im Falle von Mars ist dies besonders wichtig, da sich dieser tatsächlich in mittelalterlicher Bösartigkeit manifestieren kann, falls sein Stillstand auf einen empfindlichen Punkt im Horoskop fällt. Wobei wieder betont werden muss, dass Unglück in keinem Sinne unvermeidlich ist. Die Aufmerksamkeit gegenüber einem solchen Stillstand ermöglicht dem Individuum, während den betreffenden Tagen aufzupassen, vorsichtig zu sein statt ängstlich und Vergnügungen wie Bergsteigen oder russisches Roulette zu vermeiden!

Solchermassen geballte Energie kann nämlich immer auch nützlich verwendet werden. Der Stillstand von Merkur oder Venus sollte als Betonung der Prinzipien des betreffenden Planeten gemäss dem Geburtshoroskop verstanden werden, wobei jeder Stillstand zur Direktläufigkeit leichter konstruktiv zu leben ist als jener vor der Rückläufigkeit.

Der zweite Fall, in welchem die schnellen Transite wichtig sein können, trifft bei gegenseitigen Aspekten ein. Der spezielle Fall von Voll- oder Neumond wird später in diesem Kapitel behandelt, doch wenn z. B. Mars in Konjunktion steht mit Sonne, Mond, Merkur oder Venus und diese Stellung einen wichtigen Punkt im Horoskop aspektiert, wird der Transit bedeutungsvoller. Der gewissenhafte Astrologe, der der Jungfrau huldigt, hat ein Auge auf jene Zeiten, wo die langsameren transitierenden Planeten zu den transitierenden Persönlichen Aspekte bilden. Eine Mars-Saturn Konjunktion, welche über die Sonne transitiert, lässt auf Frustration und Schwierigkeiten schliessen, während eine Merkur-Saturn Konjunktion im gleichen Transit einige Tage des Studiums und der ergiebigen, geistigen Arbeit ermöglicht. Wenn die Venus über die Sonne und Jupiter im Quadrat zur Sonne transitieren, steht möglicherweise ein milder Tag bevor; wenn aber Mars in der gleichen Konstellation über die Sonne transitiert, wird der Tag energiegeladen sein und der Betroffene könnte wohl viel erreichen, doch Schwierigkeiten haben zu merken, wann genug ist.

# Jupiter

Schon die blosse Vorstellung von einem Jupitertransit macht jeden Astrologen zum Optimisten. Leider verspricht der wohlwollende Onkel Gott aber meist mehr, als er bringt. Gewiss ist die Dauer der Wirkung kurzlebig. Ein Stillstand des Jupiter kann, wenn er einen Aspekt macht, während einigen Monaten Einfluss haben, läuft er aber mit seiner Maximalgeschwindigkeit, wird die

Dauer auf höchstens zwei Wochen reduziert. Daher ist es nicht schwierig, die Wirkung eines Jupitertransits zu verpassen.

Der Schlüssel zur Interpretation ist, dass Jupiter expandiert und alles öffnet, was er berührt. Er bringt das Gefühl von Zuwachs und Fülle, nicht unbedingt greifbaren Gewinn, sondern vielmehr die **Gelegenheit** dazu. Eine unverschlossene Türe hat keine Bedeutung für einen Menschen, solange dieser sie nicht öffnet und durch das Tor schreitet — Gelegenheiten müssen dann ergriffen werden, wenn sie sich bieten. Allerdings müssen sie ausfindig gemacht werden, und zweifelsohne ist es diese Tatsache, welche Francis Bacon dazu führte zu sagen: «Ein weiser Mann wird mehr Gelegenheiten schaffen als er antrifft.» Gewisse Geburtshoroskope lassen vermuten, dass das Individuum mehr Glück haben wird als andere Menschen, dass beim Erreichen der gesteckten Vorsätze und Ambitionen weniger Schweiss und Tränen zu fliessen brauchen; doch sogar in diesen Fällen wird einem ein Jupitertransit kaum die Goldene Gans, den Stein der Weisen oder den irischen Totogewinn anbieten und in den Schoss werfen.

Er wird viel eher eine psychologische Umgebung von Offenheit und Verständnis schaffen, welche es ermöglicht, einen symbolischen Gegenwert der märchenhaften Gans, welche goldene Eier legt, zu finden. Die Geschichte ist in allen Variationen auf der ganzen Welt anzutreffen, doch die Moral bleibt immer die gleiche, dass wir nämlich den Segen schätzen und nicht zu habgierig sein sollen.

Ein Jupitertransit kann auch einfach bedeuten, dass wir uns diese Woche «gut fühlen», oder er fällt vielleicht mit einer Reise zusammen. Doch ist es entscheidender, ihn als eine Gelegenheit zu verstehen, zu dieser Zeit den Bereich der eigenen Existenz zu erweitern, indem man die Gewinne nützt, sie ausdehnt und weit über den aktuellen Transit hinaus anhält. Es verschafft Gelegenheit, die geistige Vorstellung und das Verständnis zu erweitern, was eine Vermehrung durch eine Kettenreaktion, welche in einem greifbaren Stück sichtbarem «Glück» endet, mit sich bringen kann. Betrachten wir die Entwicklung eines ersten kreativen Gedankenblitzes, welcher vielleicht zur konkreten Realität wird. Ideen werden zu Idealen und Gedanken im Geist eines Individuums; dem Gedanken folgt Energie und Energie ist das Rohmaterial einer jeden greifbaren Tat oder eines jeden physisch geschaffenen Objektes. Wo das Geburtshoroskop einen begrenzteren und vorsichtigen Charakter aufzeigt, kann Jupiter Selbstsicherheit und das Vertrauen, vorwärts zu gehen, erzeugen. Oft wird ein Interesse für religiöse und philosophische Themen wachgerufen, was sich später zu einer Bereicherung des Lebens entwickelt.

Expansion kann aber auch Inflation bedeuten, also Übertreibung, und so kann ein Jupitertransit auch Exzess, übermässige Trägheit und übertriebenen Optimismus unterstützen — kurzum zuviel des Guten. Der Bauchumfang könnte durch Übergenuss von reichhaltigem Essen erweitert, die Urteilskraft geschwächt oder Schulden missachtet werden. Der Wagenverkäufer würde sich in freudiger Erwartung die Hände reiben, wenn er wüsste, dass sein Kunde beispielsweise den transitierenden Jupiter in Opposition zu seiner Geburtssonne stehen hat. Denn der Kunde könnte dazu neigen, mehr für seinen neuen Wagen auszugeben als er beabsichtigte, doch wird er wahrscheinlich auch viel Spass haben an seinem neuen Besitz.

Jupiter verweilt rund ein Jahr in einem Zeichen und somit theoretisch für etwa die gleiche Zeit in jedem Haus, doch variiert das gemäss der Grösse der transitierenden Häuser enorm. So findet sich im Bereich des betroffenen Hauses während der Zeit des Transits das Potential für Freude, Gelegenheit und Expansion.

# Saturn

Die Wichtigkeit der Zyklen und der Rückkehr Saturns wurden bereits im 2. Kapitel diskutiert, doch werden bei allen Saturntransiten ähnliche Prinzipien angewendet. Im Geburtshoroskop weist dieser Planet hin auf die Lektionen, die gelernt werden müssen, und seine Qualitäten haben viel gemeinsam mit der strengeren Sorte des Schulmeisters — Pflicht, harte Arbeit, Mässigung, Einschränkung, Stabilität und Reife. Saturntransite sind wie Prüfungen.

Eine Prüfung ist nie ein fröhliches Fest, doch wenn wir hart gearbeitet haben und zur gegebenen Zeit unser Bestes leisten, hält der Lohn lange an. Nur wenn man sich vor den Lektionen drückt und die Examen schlecht abschliesst, klopft Saturn mit seinem Lineal auf unsere Finger.

Mehr als bei allen anderen Planeten ist es wichtig, die Aufforderung Saturns im Geburtshoroskop zu verstehen, um die Transite entsprechend zu interpretieren. Seine Prinzipien von Einschränkung, Begrenzung, Pflicht und Disziplin sind in seiner Geburtsstellung in Zeichen, Haus und den Aspekten angelegt. So können wir die Zähne zusammenbeissen und mit dieser Energie — manchmal unangenehm, jedoch immer sehr ergiebig — arbeiten oder aber versuchen, eben dies auszulassen. Letzteres ist nicht nur ein Ausweichen, sondern auch eine unbewusste und kurzsichtige Reaktion. Es gibt, grob gesagt, zwei Arten wie dies passieren kann: Entweder wir unterliegen dem Druck Saturns, haben mangelndes Vertrauen und fühlen uns unsicher mit dem Gewicht der Welt auf unseren Schultern, oder wir überkompensieren und versuchen krampfhaft, die Gefühle der Unzulänglichkeit zu verdecken. Beide dieser Reaktionen werden letztlich zur Folge haben, dass die betroffene Person auf einer unter ihren Möglichkeiten liegenden Ebene agiert, und führen sehr oft über kurz oder lang zu Schwierigkeiten im Leben. Der einzige Weg, mit diesem Planeten zu arbeiten, liegt darin, sich mit seinem Einfluss zu konfrontieren, und Gelegenheit für diese Konfrontation wird durch die Transite gegeben. Daher, dass die Erfahrung nicht immer leicht und angenehm ist, hat Saturn seinen schlechten Ruf.

Wird der Geburtssaturn einmal verstanden und akzeptiert sowie der Beschluss gefasst, im Lernprozess so konstruktiv wie möglich zu arbeiten, können die Transite positiv angesehen und in vielen Fällen willkommen geheissen werden. Es ist nämlich möglich, das Bild des alten Schulmeisters, der Prüfungen stellt, zu verinnerlichen und die Transite dafür zu verwenden, sich selbst zu prüfen und den eigenen Lehrmeister langsam zu entwickeln. Dies liegt in der Möglichkeit eines jeden Menschen, doch nicht alle erlauben diesem inneren Schulmeister zu leben und zur voll mitwirkenden Kraft zu wachsen.

Saturn befähigt uns, das was er, sei es im Geburtshoroskop oder durch einen Transit, berührt, zu beleuchten und uns darauf zu konzentrieren. Als ein ausgesprochen erdiger Planet bringt er Gelegenheit für praktische, realistische Aktivitäten, wodurch er manchmal unseren Entwicklungskurs verlangsamt, damit eine Sache gründlicher und unter nachdenklicher Betrachtung ausgeführt werden kann. Somit können diese Transite in einem impulsiven Horoskop, in einem Horoskop mit einem schwachen Saturn (und daher einer Tendenz zu undiszipliniertem Verhalten) oder in einem Horoskop ohne Erde Gefühle der Frustration, der Verzögerung oder der Einschränkung auslösen; doch der Sinn und Wert dahinter wäre, Gelegenheit zu schaffen, um dem dem Charakter innewohnenden Mangel an Disziplin gegenüberzutreten. Saturns Fähigkeit, einen konstruktiven Schwerpunkt zu legen, spielt auch bei seinem Gang durch die Häuser eine Rolle. Vieles von dem, was bereits im Kapitel über Zyklen gesagt wurde, trifft hier zu, da Saturn seinen Zyklus von 28 – 30 Jahren braucht, um einen Durchgang durch die zwölf Häuser und Zeichen zu vollführen. So gibt es, ähnlich den Zyklen der Rückkehr Saturns, einen untergeordneten Zyklus, der mit jedem Transit über einen Eckpunkt, besonders über den Aszendenten, beginnt. Marc Robertson zieht sogar den Zyklus von jeder Konjunktion mit einem Planeten im Geburtshoroskop zur nächsten in Betracht.

Tritt Saturn in ein Haus, fordert er Arbeit, welche mit den Belangen dieses Hauses zu tun hat, und, dass in diesem Erfahrungsbereich Lektionen gelernt werden. Da die Eckhäuser bezüglich persönlicher Aktivitäten die stärksten sind, schaffen diese Transite mehr spezifische Gelegenheiten für Wachstum. Saturn im vierten Haus bringt Lektionen, Verantwortung oder Arbeit im Zusammenhang mit Heim, Familie, Gefühlen von Sicherheit oder mit dem tatsächlichen Standpunkt der eigenen Position im Leben. Der Transit durch das siebte Haus beleuchtet die engen persönlichen Beziehungen und die Partnerschaft — einige Menschen heiraten vielleicht, andere haben Schwierigkeiten in Beziehungen, doch die sich hinter diesen Ereignissen manifestierenden, zu lernenden Prinzipien sind gleicher Art. Der Transit über das Medium Coeli und ins zehnte Haus schafft Lektionen in der äusseren Position in der Gesellschaft (z. B. zusätzliche Verantwortung zugunsten der Karriere, eine Beförderung im Arbeitsbereich oder Schwierigkeiten mit dem öffentlichen Image). Nach all diesen Transiten wird, vom betreffenden Eckhaus her gerechnet, ein 28 – 30 Jahreszyklus in Bewegung gesetzt, doch ist der Zyklus, der mit dem ersten Haus beginnt, der wichtigste.

56

Wenn Saturn über den Aszendenten schreitet, entsteht oft ein Gefühl der persönlichen Einschränkung und Schwierigkeit, doch ist das nur eine Reaktion auf die Forderung einer neuen Phase in der persönlichen Entwicklung. Der beste Umgang ist, die Gelegenheit, solide Grundlagen für die Zukunft zu legen, zu ergreifen. Normalerweise sind die spezifischen Forderungen augenscheinlich, doch falls Zweifel bestehen, dürften ernsthafte Überlegungen und Reflexionen diese schnell offenbaren. Von diesem Zeitpunkt an wird der Durchgang Saturns durch die Häuser in ihrer ursprünglichen Reihenfolge Wachstum und Entwicklung in jedem Lebensbereich ermöglichen. Im ersten Quadranten (Häuser 1, 2 und 3) geht es um die persönliche Entwicklung, im zweiten (Häuser 4, 5 und 6) um die Entwicklung des Selbstausdrucks in der nächsten Umgebung, um Kreativität und Arbeit, der dritte Quadrant legt das Schwergewicht auf Beziehungen zu anderen Menschen und der vierte (Häuser 10, 11 und 12) entwickelt den Ausdruck nach aussen, was oft mit aktiver Leistung zu tun hat. Bei Transiten durch die veränderlichen Häuser geht es oft um Assimilation (v. a. Häuser 6 und 12) und Distribution (Häuser 3 und 9), welche die nächste Phase vorbereiten. Dies gilt insbesondere für das 12. Haus, da hier nicht nur der vierte Quadrant, sondern auch der Saturn/Aszendent Zyklus vervollständigt wird.

Transitiert Saturn durchs 12. Haus, ist dies eine Periode, in welcher die ganze Zeit des Lernens verdaut und gesammelt wird − eine Vorbereitung auf einen neuen Anfang.

Ich glaube, es ist immer angemessen, eine positive und optimistische Haltung gegenüber den Transiten Saturns einzunehmen, doch wäre es unrealistisch anzunehmen, dass solche Transite niemals unangenehm sind. Sicherlich werden die Transite in einem Horoskop mit einer schwierigen Saturn-Stellung fordernd sein. Beispiele für schwierige Saturnstellungen sind nicht nur exakte Quadrate oder Quinkunxe zu persönlichen Planeten oder wenn Saturn an einem Eckhaus steht, sondern auch wenn seine Thematik zu andern Merkmalen oder Mustern im Widerspruch steht, was ich als «qualitativen Gegensatz» bezeichne − ein brauchbares Interpretationskonzept. Im Horoskop einer Frau ist ein exaktes Saturn-Venus Quadrat schon recht prägend, doch wenn Saturn noch in Konjunktion mit der Spitze des siebenten Hauses steht und gleichzeitig andere, widersprüchliche Indikationen angezeigt sind, welche das Thema Beziehungen betreffen (z. B. betonte Waage oder starke Sexualität durch Skorpion oder das achte Haus angezeigt), dann werden die Prüfungen und Lektionen eines Saturntransits um einiges schwieriger.

Es ist hilfreich, die Lebensumstände von zwei verschiedenen Geburtshoroskopen zu betrachten, eines mit einem «einfachen» Saturn und das andere mit einem «schwierigen» Saturn. Falls letzteres einen Ecksaturn aufweist, kann dies sehr wohl mit einem schwierigen oder strengen Vater, einer harten Erziehung und unangenehmen ersten Lebensjahren einhergehen. Dies wird das Kind psychologisch insofern beeinträchtigen, dass Saturn in seiner entwickelten Persönlichkeit durch übertriebene Selbstdisziplin und charakterliche Härte oder mangelndes Vertrauen und Unsicherheit betont wird. Doch was auch immer die strengen Lektionen Saturns im Geburtshoroskop sind, die Forderungen werden zu den betreffenden Zeiten, wenn Saturntransite erfolgen, an das Individuum gestellt. Es ist gut möglich, dass die Periode bis zur Rückkehr Saturns die schwierigste ist, da es sich um den ersten Zyklus der Reife handelt, wo Suchen und Irren wichtiger sind, als das Bestreben nach persönlicher Erfahrung. Danach, wenn das Individuum den einen gehbaren Weg der Konfrontation mit Saturn gefunden und eingehalten hat, macht ein diszipliniertes Leben den persönlichen Fortschritt möglich. Die Person mit dem «einfachen» Saturn hat mehr Chancen auf ein angenehmes Leben, doch wenn dieses Individuum Mühe hat mit Selbstdisziplin und versucht, Saturn auszuweichen, oder sich nicht darum kümmert, die Lektionen zu lernen, dann kann sich der Schulmeister des Tierkreises nach wie vor sehr strikte und äusserst streng zeigen.

Die Frage, warum es bezüglich die Erfahrung mit Saturn solche Unterschiede geben soll, bedingt eine grundsätzliche Ergründung der philosophischen Basis der Astrologie. Wenn man von der Theorie absieht, dass einfache oder schwierige Geburtshoroskope innerhalb einer biochemischen Lotterie zufällig verteilt werden, dann scheint es, dass hinter diesen Unterschieden eine Absicht liegen muss. Mir missfällt die Idee eines überlegenen Schöpfers, der entscheidet, welche Individuen einfache Horoskope bekommen und welche mehr Schwierigkeiten im Leben auszuhalten haben, denn dies lässt die persönliche Verantwortung unberücksichtigt.

Ich ziehe es daher vor zu glauben, dass darin auch eine «Wahl» liegt, dass die Person (oder irgendein ewiger Teil dieser Person, einige mögen dies Seele nennen) sich ihr Horoskop, ihre Eltern, die vererbten Charaktereigenschaften und die sozioökonomische Umgebung selbst aussucht — kurzum das ganze Lebenspotential. So braucht jene Person, welche die Erfahrung mit Saturns strenger Seite fast nicht vermeiden kann, in einem gewissen Sinne diese Prüfungen und hat sie wahrscheinlich aktiv gewählt, doch liegen die Gründe dieser Wahl für das persönliche Bewusstsein immer im Dunkeln. Die andere Person, mit einem angenehmeren Geburtshoroskop hat gleichermassen gewählt — aus Gründen, die ebenso wenig zu erkennen sind.

## Uranus

Transite von Uranus sind leicht auszumachen und scheinbar ebenso leicht zu interpretieren, da seine Manifestationen plötzlich, einschneidend und erstaunlich anregend sind. Veränderung, Fortschritt und entwicklungsfördernder Durchbruch sind alle unter einem solchen Transit möglich und wirken sich normalerweise, sei dies physisch oder weniger greifbar, in der sichtbaren Umgebung aus. Doch spezifische Interpretationen, welche an Voraussage grenzen, sind nicht so einfach, da der Einfluss des Uranus immer unerwartet wirkt. Wie bei allen Transiten, fällt der Zeitpunkt der Auslösung dieses Planeten selten mit dem Tag zusammen, an welchem der Transit exakt ist. Dieses Phänomen gilt für alle Voraussagen und ist begründet in der komplexen Unzahl von Kombinationen, Korrelationen und Permutationen der täglichen astrologischen Bewegungen. Dadurch kann der genaue Zeitpunkt eines möglichen Ereignisses verschoben werden, ohne dass wir eine Erklärung dafür haben. Für Uranus ist es charakteristisch, dass die Auslösung des Transits oft genau zu einem Zeitpunkt eintrifft, den wir nicht auf der Liste der Möglichkeiten hatten. Im Nachhinein leuchtet die Entsprechung natürlich ein, doch vor dem Transit ist es immer die beste Haltung, das Unerwartete zu erwarten.

Es muss das Prinzip der Veränderung an sich betrachtet werden. Jeder, der sich für Psychologie, seriöse Astrologie oder die Gesetze des Menschen interessiert, interessiert sich auch für Veränderung. Anders noch, jeder, der seine Lebensposition in irgendeiner Art (Arbeit, Geld, Beziehung, Heim) verbessern will, sucht Veränderung. Das Paradoxe jedoch ist, dass sich die meisten Menschen vor dem Prozess, den sie suchen, fürchten, und, wie auch immer die neuen Gefilde aussehen mögen, scheinen die Sicherheit und der Trost in den bestehenden Umständen zu liegen, in den erprobten und vertrauten Methoden, welche sie früher befähigten, das Leben und seine Forderungen angemessen zu meistern. Denn es besteht ja das Risiko, dass die Veränderung vielleicht keine Verbesserung ist — «Lieber den Spatz in der Hand, als die Taube auf dem Dach» oder «nicht den Teufel mit dem Belzebub austreiben» bemerken Stimmen der Vorsicht und Trägheit. Sicherlich ist jede Veränderung im Moment wahrscheinlich unbequem, sogar wenn sie vom Schlechteren zum Besseren läuft, und so wird eben oft das verlockende, kurzfristig Bequemere gewählt.

Diese Erscheinungen sollen eine Idee geben von Uranus, dem Erwecker. Es scheint fast, als ob es das Ziel eines Uranustransits wäre, die Selbstzufriedenheit der bestehenden Ordnung durchzuschütteln und den Fortschritt und die Entwicklung zu provozieren. Gegenüber jemandem, der das Unerwartete überhaupt nicht sucht, agiert Uranus umso plötzlicher und unerwarteter, und je starrer die Verhaltensmuster, desto einschneidender sind die Veränderungen, die sich ereignen. Die gekränkte Argumentation: «Aber so haben wir es doch immer gemacht» provoziert die gehässige Explosivität des plündernden Uranus erst recht — die heilige Kuh ist ein rotes Tuch für den Bullen.

So schafft jeder Transit Gelegenheit, das abzulegen, was veraltet und verbraucht ist, es wegzuwerfen. Dieser Moment tritt dann ein, wenn der Durchbruch tatsächlich auch möglich ist. Das Vorauswissen um einen solchen Transit ermöglicht dem Individuum, sich, auch wenn es die Gestalt, in der er auftritt nicht kennt, auf Veränderung einzustellen und vorzubereiten, und oft wird dieser Prozess von einer aufgeregten Erwartung begleitet. Die innere Natur der

Wirkung dieses Transists entspricht der einer gespannten Feder, so dass das Resultat beschleunigt wird. Der Typ mit erdigen, fixen Zeichen wird Uranus wahrscheinlich als beunruhigend, durcheinanderbringend erleben, wobei es aber ebenso unwahrscheinlich ist, dass der vom Horoskop her uranische Charakter diesen Transit in seiner Wirkung friedlich erlebt. Im Gegenteil, der wahre Gewinn ginge verloren, wenn es möglich wäre, eine radikale Veränderung der Umstände, der Haltung oder emotionalen Qualität so leicht zu bewirken, wie die Zeiger einer Uhr von 12 auf 6 zu verstellen sind. Denn gerade die Spannung und diese hochgeladene Energie machen die Erfahrung umso lebendiger und erinnerbarer, indem sie sich oft in der materiellen Umgebung so niederschlagen, dass das bisher Erarbeitete und die Struktur des Lebens eines Menschen tatsächlich völlig verändert werden.

Die Tatsache, dass Uranus gemäss seiner eigentlichen Natur seinen Einfluss in einer mehr greifbaren Form in der äusseren Welt auszudrücken braucht, hat zur Folge, dass seine Transite oft unangenehm einschneidend sind. Bis zu einem gewissen Grad ist es möglich, die Wirkungen zu verinnerlichen, doch ist dieser innere Umgang weniger einfach zu handhaben als bei anderen transitierenden Planeten.

Genauer, jedoch den allgemeinen Interpretationsbetrachtungen untergeordnet, sind die diversen Erscheinungsformen der Veränderung. Die Erfahrung muss nicht unbedingt die Veränderung **von** — Arbeit, Heim oder Beziehung beispielsweise — sein, es kann sich ebenso um Veränderung **zu** oder Veränderung **in** was immer auch der Transit anzeigt, bedeuten. Der Angestellte einer Firma könnte sicherlich möglicherweise die Stelle wechseln, wenn Uranus über sein Medium Coeli transitiert, doch gibt es zahlreiche andere Möglichkeiten. Vielleicht gerät er in ein total anderes Arbeitsgebiet oder er wechselt die Abteilung; vielleicht unterbricht ein neuer Vorgesetzter sein bisher gradliniges Arbeitsleben oder er bekommt Gelegenheit, revolutionäre, neue Techniken an bereits bestehenden Systemen anzuwenden.

Wenn er ein ehrgeiziger Angestellter ist, akzeptiert er vielleicht, dass er innerhalb seiner Firma das Maximum erreicht hat und ändert seine Haltung gegenüber dem Leben entsprechend. Oder, erinnern wir uns an die unerwartete Natur dieses Transits, seine Mutter verheiratet sich mit einem berühmten Politiker, der sie zur Direktorin seiner Firma für Freizeitelektronik macht, und sie schenkt ihrem Sohn einen Spielcomputer für's Wohnzimmer. (Das würde sein Leben verändern!)

Uranus braucht zirka 7 Jahre, um durch ein Haus von durchschnittlicher Grösse zu transitieren, und bringt in einem befriedigend langen Leben seine progressive und erfinderische Energie in allen Erfahrungsbereichen entsprechend der Definition der betreffenden Häuser zum Ausdruck. Veränderung und Aufregung können die Periode des Transits begleiten, doch wo keine anderen Faktoren mitspielen, können sich die Veränderungen leicht evolutionär, statt revolutionär manifestieren. Er gibt Gelegenheit für Fortschritt, Entwicklung und neue Möglichkeiten, denn des Erweckers magischer Stab fegt durch das ganze Spektrum des Lebens.

# Neptun

Neptun verfeinert und löst auf, was auch immer er berührt. Wenn es das Individuum zulässt, können seine unfassbaren Qualitäten inspirieren und vergeistigen, doch ebenso kann er die Realität verwischen und den Menschen dazu verleiten, sich träge an die Ufer des Flusses der Vergesslichkeit zu flüchten. Aufgrund seiner trügerischen Qualitäten ist es nicht leicht, mit Neptun umzugehen, wenn er einen wichtigen Transit macht — im Gegenteil, die Absicht, zu versuchen damit «umzugehen», ist gerade falsch, denn dies würde heissen, die Situation in den Griff nehmen zu wollen und konkret etwas zu tun. Neptun aber fordert uns auf, genau das Gegenteile zu tun, uns gehen zu lassen und etwas zu erreichen, indem wir nichts tun.

In 84 Jahren, einer mutmasslichen Lebensdauer, hat Neptun die Hälfte der Häuser im Geburtshoroskop durchwandert, doch die Wirkung seines Laufes ist derart mystisch und in Nebel gehüllt, dass es scheint, dass die vielen Jahre, die er in einem Haus verbringt, kein ersichtliches Resultat hervorbringen. Dies veranschaulicht das mysteriöse Paradoxon Neptuns — je mehr jemand nach greifbaren Wirkungen sucht, desto wirrer werden die Nebelschwaden; doch sobald man loslässt und der Vision gestattet, sich selbst zu formen, kommt der Segen. So wird das Haus, durch welches Neptun transitiert, zum Lebensbereich, wo Hingabe notwendig ist und Inspiration sowie geistige Nahrung gefunden werden kann.

Obwohl viele der Einflüsse, die Neptun hat, jenseits unserer rationalen Macht liegen, ist es falsch anzunehmen, dass die empfehlenswerte Haltung das Passivbleiben sei. Sicherlich wird zuviel aktives «Tun» während dieser Periode in Verwirrung, Verflüchtigung und Irrwegen enden; doch das andere Extrem der totalen Passivität erlaubt dem heimtückischen Aspekt dieses Planeten ins Leben des Individuums zu sickern und Verfall und Minderung zu erzeugen.

Neptun schafft oft ein Bedürfnis, sich zu entziehen, was die Versuchung beinhaltet, es sich leicht zu machen und beispielsweise in endlose Tagträumereien zu versinken oder die selbstzerstörerischen Wege des Missbrauchs von Drogen und Alkohol zu gehen. Eine positivere Entsprechung könnte in der Musik gefunden werden, welche wohl ungreifbar und müssig ist, desgleichen aber psychisch bereichernd, wenn das inspirierte Werk eines grossen Komponisten den Raum erfüllt. Das eigene Schreiben und Spielen von Musik wäre sogar noch besser, doch ist das nicht jedermanns Sache. Meditation ist ein gutes Beispiel für aktive Passivität, wobei daran erinnert werden soll, dass es nicht notwendig ist, einen Turban zu tragen oder mit gekreuzten Beinen auf dem Boden zu sitzen um zu meditieren. Meditation ist eine Geisteshaltung, welche uns ermöglicht, uns für verfeinerte Energien zu öffnen, sie einfliessen zu lassen und sie als positive Inspiration zu verwenden. Ein Spaziergang durch den Park, um sich in Ruhe mit der Natur und den Bäumen zu unterhalten, oder am Ufer des Meeres zu stehen, kann genauso sehr Meditation sein, wie im Ashram zu sitzen. Derselbe Prozess kann zu jeder Zeit und an jedem Ort gemacht werden, ob in der Schlange an der Bushaltestelle oder auf der Toilette.

Unter Neptuntransiten ist eine Person anfällig für Betrug, Illusionen und Zauber, was die verführerischsten Seiten dieses Planeten sind. Die Idee, Gelegenheit oder Aussicht auf Erfolg und Ansehen winken verlockend, doch verwischt die Faszination von dieser zauberhaften Illusion die Realität. So ist es also ganz entscheidend, dass eine Art Landanker gesichert wird, so dass, wie hoch auch immer man fliegt, dennoch ein Kontakt zu der physischen Welt besteht. Assoziationen zu Film, Show Business, Publizität und Skandal sind alle gerechtfertigt, wenn Neptun in einem Horoskop aktiv ist, doch ist es beinahe unmöglich, die Grenze zwischen den positiven und negativen Seiten dieser Entsprechungen zu definieren. Möglicherweise läuft bei einer Schauspielerin, die die grossartige Chance für ihre erste grosse Filmrolle bekommt, der Neptun über die Geburtssonne. Ob sich diese Gelegenheit dann als derart vorteilhaft erweist, wie sie sich erhoffte, ob sich ihre Träume als Luftschlösser erweisen, oder ob sie von den Magnaten als herziges Püppchen missbraucht wird und sich der Vertrag als unvorteilhafte Auflage herausstellt, hängt einerseits ab vom gleichzeitigen, hilfreichen Einfluss anderer Planeten (insbesondere Saturn wäre hier hilfreich) und andererseits von ihrer Intelligenz, ihrem Bewusstsein und ihrer Fähigkeit, die positiven Wirkungen dieses Planeten zuzulassen. Wie einfach oder schwierig dies ist, hängt auch ab von der Stellung Neptuns im Geburtshoroskop.

Das Beispiel der Schauspielerin zeigte eher die materiellen Aspekte von Zauber und Phantasie. Da Neptun Einflüsse anderer Welten mit sich bringt, hat er auch stark mit religiösen Erfahrungen zu tun und ermöglicht dem Individuum aufzudecken, wie es Elemente seines Lebens in den Dienst einer verfeinerten und geistigen Dimension stellen oder diese opfern kann.

Doch die Versuchung abzuheben und jener Zauber, welcher in der Welt der Religion und Spiritualität besteht, sind sogar noch verführerischer und gefährlicher als der materielle Zauber — es gibt so viele Gurus, Gruppen und Gruppierungen, welche geradezu darauf warten, diese Schwächen auszunutzen, indem sie sich mit Neptun zusammen tun.

Das Geheimnis der Neptuntransite liegt darin, dass, bevor nicht der Einklang zu einem höheren Bewusstsein gefunden wurde — der sutratmaähnliche Verbindungsfaden — Irreführung, Unsicherheiten und Verwirrung überhand nehmen und in Form von Skandalen, Schwindeleien, Tagträumereien oder Drogenkonsum die typischen niedrigsten Entsprechungsebenen Neptuns manifestieren. Der höhere Einklang indes führt einen weg von der materiellen Welt und schafft Gelegenheit, den Sinn und die Wichtigkeit eines spirituellen Bewusstseins zu erfahren. Der Kontakt mit dieser ausgeprägten Empfindsamkeit ermöglicht mit Sicherheit eine feine Wahrnehmung der subtileren Aspekte des Lebens, ein aufgeschlossenes Mitgefühl gegenüber den Mitmenschen oder inspirierten, kreativen Ausdruck; doch kann dies nur erreicht werden, wenn der Anker, der Draht zur Erde besteht. Dies nicht unbedingt, um eine materielle Haltung gegenüber den Ereignissen während des Transits zu schaffen, sondern um zu verhindern, dass die Person in die rosa Wolken abtreibt, welche die neptunische Umgebung immer schmücken.

# Pluto

Plutotransite sind innerhalb der astrologischen Einflüsse die gewaltigsten, und das Prinzip dahinter ist immer potentielle Transformation. Das Symbol des Phoenix drückt dies schön aus: Der mythologische Vogel, der sein Leben beendet und sich bei Heliopolis ins Feuer wirft, doch immer wieder geboren wird, indem er aus der Asche aufsteigt. So ist es mit Plutotransiten – wobei vom Feuer verzehrt zu werden nicht unbedingt angenehm ist, doch jedes Mal wird man auf einer neuen Erfahrungsebene wiedergeboren und erneuert.

Die Mythen der Götter der Unterwelt helfen uns, die Natur der Transite dieses Planeten zu verstehen. In vielen dieser Geschichten besteht eine gewisse Dualität, böse und beängstigende Bilder verbunden mit positiven, befreienden Erfahrungen. Es kommt auch immer ein Hinabsteigen in die Gefilde der Unterwelt vor. In der griechischen Mythologie ist der Gott sowohl als Hades als auch als Pluto bekannt. Als Hades wurde er sowohl von den anderen Göttern als auch von den Menschen gefürchtet und gehasst; als Pluto (auch sein römischer Name) war er der Gott des Reichtums und wurde als der Verwalter von verborgenen Schätzen verehrt. Auch war er es, der die Ernte aus dem tiefen Innern der Erde heraus reifen liess. Hades raubte sich seine Frau Persephone nach einer geheimen Vereinbarung mit Zeus, indem er sie, während sie gelbe Narzissen pflückte, entführte und in sein unterirdisches Königreich einführte. Ihre gebrochene Mutter, Demeter, schickte eine Hungersnot auf die Erde und machte den Boden unfruchtbar, um die anderen Götter zu zwingen, ihre Tochter zurückzubringen. Doch bevor Persephone die Unterwelt verliess, wurde sie von Hades gezwungen, einen Granatapfelsamen zu essen, das Symbol von unlösbarer Ehe, und so machte er sie für immer zu seiner Frau. Zeus vereinbarte einen Kompromiss: Das Mädchen sollte in ihrer anderen Gestalt, Kore, einen Teil des Jahres auf der Erde verbringen können. Die vier Monate, die sie in der Unterwelt zubrachte, symbolisieren die Zeit, welche die Samen in der Erde sind, während die anderen acht Monate die Zeit der Fruchtbarkeit darstellen. Hades/Pluto weilte nicht nur den grössten Teil seiner Zeit tief in seinem unterirdischen Reich, sondern er trug auch, wenn er beschloss, die Welt zu besuchen, einen Helm, der ihn unsichtbar machte. Im astrologischen Sinne, bei Transiten, wirkt der Einfluss Plutos auf der tiefsten Ebene. Diese Wirkungen werden psychisch weitaus intensiver gespürt, als sie sich aussen manifestieren. Die materiellen Manifestationen eines Plutotransits brauchen jedoch eine gewisse Zeit, bis man sie sieht, wie auch eine unterirdische Explosion nicht immer sofort an der Oberfläche sichtbar ist.

In der babylonischen Unterwelt war die Gottheit eine furchterregende Göttin, Allatu, auch bekannt als Ereshkigal. Sie war die Schwester von Ishtar, der Göttin der Liebe und der Kriege, welche in verschiedener Hinsicht fast noch furchtbarer war als die schwesterliche Königin der Hölle selbst. Ishtar war grausam im Kampf und ihr Kriegswagen wurde von sieben Löwen gezogen. Doch behandelte sie ihre vielen Liebhaber fast genauso hart wie ihre Feinde. Teil ihres Kultes war die geheiligte Prostitution — ihre Riten wurden mit hemmungsloser Unzüchtigkeit zelebriert. Waren ihre Liebhaber Tiere, so wurden sie geschwächt und hingestreckt, um von den Menschen gefangen und unterjocht zu werden. Normalerweise verwandelte sie die Männer, nachdem sie mit ihnen schlief, in Tiere — einen Hirten in einen gejagten Wolf oder einen Gärtner in eine Fledermaus, die in der Dunkelheit herumflattert. Sogar ihre göttlichen Liebhaber litten.

Doch hatte sie einen Geliebten, um den sie trauerte — Tammuz, den jungen Gott der Natur, der jedes Jahr geboren wurde und dann wieder starb. Wegen Tammuz reiste sie in die Unterwelt, in der Hoffnung, dass sie ihn zum Leben erwecken und er sie zu seiner Gemahlin machen könne. Es waren sieben Tore bis zum babylonischen Land des Todes, und an jedem wurde sie mehr und mehr ihres Schmuckes und ihrer Bekleidung entledigt, bis sie nackt vor ihrer Schwester Allatu stand. Sie kämpften, und Allatu machte Ishtar zu ihrer Gefangenen. Sie wurde eingesperrt und musste die sechzig Krankheiten über sich ergehen lassen oder wurde auf einem Pfahl oder einem Haken aufgespiesst — die Geschichten variieren. Doch wenn Ishtar in der Unterwelt geblieben wäre, hätte alle Fortpflanzung der lebenden Kreaturen geendet, und so musste der grosse Gott Ea sie befreien. Dies tat er, indem er einen Mann schuf und zu Allatu sandte, einen Mann, der ihr so sehr gefiel wie sie Ishtar hasste. Einige Überlieferungen sagen, er wäre ein starker und kraftvoller Liebhaber gewesen, andere erzählen von einem androgynen Geschöpf oder einem Mann mit weiblichen Qualitäten.

Die ältere Version des Mythos der Sumerer berichtet, wie Enki, der Gott des Wassers und der Weisheit, die Göttin befreite, indem er zwei kleine Trauernde aus dem Schmutz unter seinen Fingernägeln schuf. Sie waren Zwitter fast schon in dem Sinne, dass sie sich in einem Zustand von undifferenzierter Sexualität befanden, prä-sexuell in ihrer Einfachheit. Ishtar wurde mit dem Wasser des Lebens besprengt und entlassen.

Vieles von dem, was in diesen gewaltsamen Mythen enthalten ist, gibt die Natur der Transite von Pluto wieder. Qual oder Gewalt können neuem Wachstum und Regeneration vorausgehen. Dies sagt auch die Tatsache aus, dass Ishtar Göttin sowohl des Krieges als auch der Liebe war und ihre Geliebten oft zerstörte. Desgleichen wurde die Jungfrau Kore in ihre Ehe mit Hades gezwungen. Beide, Tammuz und Persephone/Kore, symbolisieren den ewigen Zyklus des Sterbens und der Wiedergeburt — während die Natur trauert, muss der Same schlafend in der kalten, fruchtbaren Erde liegen, bevor es zu neuem Wachstum und freudvoller Ernte kommen kann. Hades/Pluto herrscht vielleicht über den Tod, doch schenkt er auch Reichtum und hilft der Frucht zu wachsen, indem er sie aus dem Boden stösst. Solange Persephone/Kore und Tammuz in der Unterwelt bleiben, wächst nichts; solange Ishtar eine gequälte Gefangene von Alluta ist, können die menschlichen Wesen sich nicht mehr lieben und nichts erzeugen. Hinabsteigen in die Dunkelheit ist der einzige Weg, das zu erlösen, was verloren ging oder gestorben ist, und auch wenn dies nicht unbedingt eine leichte Reise ist, ist es doch das, was Plutotransite anbieten oder eben fordern. Vielleicht müssen wir wie die gewaltige Ishtar nackt ausgezogen werden, unser psychologisches Gewand verlieren — Macken, Zierereien, Gewohnheiten und Abwehrmechanismen — so dass wir aus unserer Nacktheit wiederum geboren werden können.

In einem Menschenleben gibt es nicht viele starke Plutotransite. Wenn wir Konjunktionen, Oppositionen und Quadrate als eine Gruppe nehmen, ist es höchst unwahrscheinlich, dass in einem Leben mehr als zwei solche Aspekte zu jedem Planeten im Geburtshoroskop auftreten. Da Pluto sehr langsam ist und längere, regelmässige Perioden der Rückläufigkeit hat, kann die Wirkungsdauer von einem bis zu drei Jahren reichen, so dass die auftretenden Transite als höchst prägend angesehen werden müssen. Wie bei Uranus ist Veränderung ein Faktor, doch handelt es sich hier um eine tiefe innere Veränderung, welche ihre Zeit braucht, bis sie sich aussen zeigt. Pluto wirkt auf die für die Entwicklung des Individuums äusserst wichtigen Gegebenheiten und bringt sie an die Oberfläche oder ins persönliche Bewusstsein. Wenn diesem Prozess entgegengewirkt wird, kann er äusserst unangenehm werden; wird die Notwendigkeit zur Transformation jedoch erkannt, ist eine Spur von Loslassen da (denn Widerstand wird mit Sicherheit genauso gewaltsam gebrochen wie Kore entführt wurde), dann wird der Transit nicht nur erträglich, sondern auch eine abenteuerliche Reise. Eine der positivsten Möglichkeiten, die Energie Plutos zu kanalisieren und aufzunehmen, ist der Beginn irgendeiner psychotherapeutischen Arbeit — Analyse, Gruppenpsychotherapie oder ein diszipliniertes Vorhaben in der Selbsterfahrung.

Wie in den Mythen, kann Pluto tatsächlich mit physischem Tod verbunden sein, vielleicht eines Elternteils oder von jemand Nahestehendem, doch handelt es sich normalerweise eher um den Tod einer alten, inneren Haltung, deren Präsenz einer neuen Geburt im Wege stand.

Im Mythos der Sumerer ist es der Schmutz unter Enkis Fingernägeln, der die Göttin befreit. Ein unbedeutendes, unbemerktes Stückchen Etwas, das nichtsdestotrotz mit der nötigen schaffenden Macht gebraucht werden kann. In den Schöpfungsgeschichten wurde der erste Mensch aus Schlamm oder Schmutz geschaffen — «Und Gott der Allmächtige schuf einen Mann aus dem Schmutz der Erde und blies ihm den Lebensatem durch die Nasenlöcher» (Genesis). In der Alchemie beginnt der ganze Prozess zum Stein des Weisen und zum Gold mit der *prima materia,* ursprünglichem Material. Der transitierende Pluto kann mit diesem Basismaterial arbeiten und aus ihm ungeheure Kraft befreien, wie dies in der Atomspaltung geschieht oder wie ein höheres Wesen, das einen neuen Menschen schafft. Pluto nimmt das Abfallmaterial, schafft Hitze inmitten des Komposthaufens und wandelt es um in Dünger, der neues Leben nähren kann.

## Neumond und Vollmond

Wenn die transitierende Sonne mit dem transitierenden Mond in Konjunktion ist, nennt man das Neumond, steht sie in Opposition, ist Vollmond. Konjunktionen und Oppositionen ergeben sich, wenn zwei Planeten auf demselben Längegrad des Zodiaks stehen. Stehen Sonne und Mond jedoch zusätzlich auf derselben Breite (Deklination) des Zodiaks, ergibt sich eine Eklipse (oder Finsternis). Bei Neumond entsteht eine Sonnenfinsternis, da die Mondscheibe die Sonne verdunkelt, bei Vollmond eine Mondfinsternis, da der Erdschatten auf den Mond geworfen wird und diesen somit verdeckt oder verdunkelt. Jede detaillierte Prognose sollte Neu- und Vollmonde einschliessen, doch da diese normalerweise mehr als ein Instrument der Mundanastrologie angesehen werden, werden sie in der persönlichen Astrologie weniger gebraucht.

In der Mundanastrologie waren Neu- und Vollmonde, v. a. Eklipsen, immer eine wichtige Erscheinung. Das präzise Horoskop für den Moment einer Sonnenfinsternis wird beispielsweise als ein mundaner Indikator verwendet, aufgrund dessen alle nennenswerten Bezüge und gegenseitigen Aspekte mit den Horoskopen von Nationen oder Staatsoberhäuptern dementsprechend interpretiert werden. Man kann auch ein individuelles Horoskop mit dem Horoskop einer Eklipse vergleichen (in ähnlicher Weise wie es bei gewissen Interpretationsmethoden der Rückkehr von Sonne und Mond getan wird), doch stellt dies den gewöhnlichen Menschen sehr stark in bezug zum Kollektiv, und ist daher als Prognosemethode für diese nicht so geeignet wie für Päpste, Präsidenten und Premierminister, welche einen grösseren Bezug zum und Einfluss auf das Kollektiv haben. Es leuchtet ein anzunehmen, dass eine Finsternis für jene Menschen und Länder von grösserer Bedeutung ist, die sie auch sehen können, doch auch dort ist sie wiederum massgebender für die Mundanastrologie als für die individuelle.

(Eine Mondfinsternis ist für jeden, der sich auf der jeweils dem Mond zugekehrten Erdhalbkugel befindet, zu sehen. Eine Sonnenfinsternis ist nur sichtbar für jemanden, der sich in der Zone der Eklipse befindet, welche von unterschiedlicher Länge, jedoch nur etwa 70 Meilen breit ist.)

## Interpretation

Die traditionelle Astrologie legt viel mehr Wert auf Eklipsen als auf Neu- und Vollmonde und deutete sie früher als äusserst «bösartige Einflüsse». Ich ziehe die der heutigen Zeit eher entsprechende Form der Interpretation vor, welche davon ausgeht, dass jeder Neu- oder Vollmond, ob Eklipse oder nicht, jenen Bereich im Horoskop aktiviert, in den er oder sie fällt. Aktivierung könnte als starke Betonung verstanden werden, welche Auftrieb oder Energie zur Folge hat, manchmal positive Kraft schenkt, doch oft Zusatzarbeit fordert und einen Wirbel von Aktivität erzeugt. Der Einfluss hat eine gewisse positive Neutralität und holt das an die Oberfläche, was immer der Aspekt im Geburtshoroskop beinhaltet. Fällt die Eklipse beispielsweise auf einen schwach aspektierten Jupiter im zweiten Haus, wäre eine grössere Geldkrise durch Übertreibung eine mögliche Folge. die vom Geburtshoroskop her angelegte Tendenz, sich des Überflusses zu erfreuen, würde zu einer noch grösseren Verschwendung und zu einer entsprechend stärkeren Einbusse führen.

Bei der Auswertung von Voll- und Neumonden ist die Konjunktion, gefolgt von der Opposition, der wichtigste Aspekt. Im Falle eines Vollmondes, wird die Sone-Mond-Opposition natürlich automatisch gleichzeitig sowohl eine Konjunktion als auch eine Opposition zu jedem betroffenen Punkt im Horoskop bilden. Ich empfehle kleine Orbis, sagen wir bis zu zwei Grad. Es können auch andere Aspekte in Betracht gezogen werden, doch sind sie von wesentlich geringerer Bedeutung als die Konjunktion. Auch die Häuserstellung ist wichtig, wobei das Haus bei der Interpretation automatisch miteinbezogen wird, wenn eine Konjunktion mit einem Planeten des Geburtshoroskops entsteht.

Manchmal werden die Themen des Hauses, in welches der Neu- oder Vollmond fällt, auch wenn kein Geburtsplanet aspektiert wird, betont, doch ist die Wirkung nicht sehr stark. Im Falle des Vollmondes wird die Häuserachse betont, was vor allem gespürt wird, wenn er in Konjunktion mit den Hauptachsen steht. Eine berufstätige Mutter mit einem kleinen Kind beispielsweise erfuhr einen Vollmond auf der MC/IC Achse. Um ihrer Arbeit nachgehen zu können, war sie tagsüber völlig auf einen Babysitter angewiesen, doch während der Wochen nach dem Vollmond gab es Probleme mit unzuverlässigen Leuten, Krankheit und Schwierigkeiten, eine vertrauensvolle Person zu finden. Dies berührte direkt die Heim/Karriere-Achse der Häuser vier und zehn.

Was ist stärker, der Neumond oder der Vollmond? Astronomisch liegt die Erde bei Vollmond direkt zwischen den beiden wichtigsten Körpern im Sonnensystem, als ob sie auf einer spannungsgeladenen Energielinie, welche vom einen zum andern verläuft, aufgehängt wäre.

Dass diese Kraft sowohl positiv als auch negativ gebraucht werden kann, zeigt sich auf verschiede Arten. Man sagt, dass zur Zeit des Vollmondes in Nervenheilanstalten mehr Aufregung und Unruhe herrscht, und in Amerika kennt man gewisse Polizeidistrikte, welche zu dieser Zeit die Diensteinsätze erhöhen. Doch ist es auch die Zeit, von der man sagt, dass Gruppenmeditationen besonders wirkungsvoll seien, und viele Esoteriker versuchen, sich als Individuum mit den Tausenden von anderen Menschen abzustimmen, welche alle auf der ganzen Welt zur Zeit des Vollmondes das gleiche tun. Das Passahfest findet immer am Tag des ersten Vollmondes nach Frühlingsbeginn statt, und Ostern, der Jahresbeginn des christlichen Kalenders, fällt auf den ersten Sonntag nach diesem Vollmond.

Beim Neumond andererseits ist die Energie auf einem bestimmten Grad im Tierkreis konzentriert, und eine Sonnenfinsternis ist dort, wo sie total ist, sogar für den «zivilisierten» Menschen ein furchterregendes, dramatisches Ereignis. Es ist kein Wunder, dass früher für die Menschen, welche die Götter noch respektierten, dieses Ereignis ausgesprochen bedeutsam und bedrohend war: Die Sonne, der Herr und Schenker des Lebens, verschwindet für ein paar grässliche Minuten. Wir können ein wenig von diesem Gefühl nachempfinden, wenn wir erleben, wie die Tiere bei einer totalen Sonnenfinsternis in Panik geraten. In primitiven Religionen danken die Menschen der Gottheit, wenn der Neumond nach seiner sichtbaren Abwesenheit wieder zu wachsen beginnt, und ein Volksaberglaube besagt, dass es Glück bringt, wenn man die erste feine Mondsichel unverzerrt durch ein Glas sieht. Man soll sich dann etwas wünschen und das Kleingeld aus der Tasche leeren. Ich habe nicht genug Fälle studiert, um es mit statistischer Sicherheit belegen zu können, doch nach meiner eigenen Erfahrung ist der Vollmond stärker. (98% der Werwölfe geben mir recht!)

Symbolisch gesehen ist Neumond die Zeit des Neuanfangs, der Schöpfung und des Pflanzens neuer Samen, und es hilft, sich dessen bei der Interpretation zu erinnern. Das erste Viertel des Mondes ist eine Zeit des Wachsens, des Muskelerprobens und des Flügelausstreckens, eine Zeit, in der die ersten Herausforderungen erfahren werden. So kann der Vollmond, nach seiner zunehmenden Phase, als die Zeit der grössten Kraft und Produktivität, eine Anhäufung von Leistung, angesehen werden. Das dritte Viertel, die abnehmende Phase, ist eine Zeit des Zehrens von der Ernte, ob sie nun spärlich oder reichlich ausfiel, und es beginnt ein Insichkehren, bevor der nächste Neuanfang wieder eintritt. Wenn es also einen Unterschied in Stärke und Art der Wirkung von Neu- oder Vollmond gibt, tendiert ersterer dazu, ein Potential für irgendeine Art von Neubeginn anzubieten, während letzterer eine kraftvolle, nach aussen gerichtete Energie mit sich bringt.

# Zeitablauf

Die Grundregel für den Zeitablauf der Auslösungen, welche mit Neu- und Vollmond im Zusammenhang stehen, ist, dass die Wirkung normalerweise während der zwei folgenden Wochen bis zur nächsten Sonne-Mond-Konjunktion oder -Opposition und manchmal sogar länger, während dem ganzen Mondmonat, auftritt.

Oft erstreckt sich die ausgelöste Wirkung sogar über einige Monate. Das hat damit zu tun, dass sich die Position der Gradzahl eines Voll- oder Neumondes im Zeichen nur Grad um Grad (rückwärts) verschiebt, wenn er jeden Monat in ein nächstes Zeichen kommt. Daher steht ein Neumond, der sich von seiner Konjunktion mit einer Mars-Uranus Konjunktion im Geburtshoroskop entfernt, drei Monate später wahrscheinlich im Quadrat zu derselben. Vielleicht liegt der Neumond sogar sechs Monate später noch innerhalb des Orbis der Opposition, und auch die Neumonde dazwischen haben jeden Monat schwächere oder weichere Aspekte gemacht. In diesem Beispiel würde der unvorhersehbar lebhafte Aspekt im Geburtshoroskop stark aktiviert, was für eine hochenergetische Periode spricht, welche sowohl einen begeisternden neuen Durchbruch als auch eine Serie von Missgeschicken und Unfällen hervorbringen kann. Wie bei allen Prognosen ist auch hier entscheidend, wie Mars und Uranus im gesamten Geburtshoroskop gestellt sind und welchen Grad an Bewusstsein und persönlicher Verantwortung das Individuum hat. Auch müssen die Progressionen und Transite berücksichtigt werden. Falls keine wesentlicheren Progressionen oder Transite mitwirken, würde dem genannten Beispiel wahrscheinlich nur eine Aktivität von aufreizender Qualität und vorübergehender Wichtigkeit entsprechen. Doch wenn diese Folge der Neumonde eintritt, während Uranus mit Saturn in Konjunktion steht, könnte eine Periode von grösserer Wichtigkeit und von Veränderung vorausgesagt werden. Der Einfluss des Neumondes würde die anderen Einflüsse sicherlich verschärfen, doch dürfte es in der Praxis schwierig sein, die Wirkungen der Neumonde und jene der Transite und Progressionen auseinanderzuhalten.

Die überlieferte, traditionelle Astrologie geht davon aus, dass, obwohl die meisten Eklipsen (und bis zu einem gewissen Grad wahrscheinlich auch Neu- und Vollmonde) unvorstellbaren Einfluss haben, trotzdem positive Ergebnisse möglich sind, wenn andere Transite und die Progressionen günstig stehen. Man sagt, dass die Wirkung einer Eklipse auch erst dann gespürt werden kann, wenn Jahre später ein anderer Planet, gewöhnlich Mars oder Saturn, über die betreffende Gradzahl transitiert. Ich bin dem gegenüber skeptisch. Wenn eine Eklipse auf den Aszendenten fällt und scheinbar nichts passiert, hat es nichts mit dieser Eklipse zu tun, wenn Jahre später Mars oder Saturn in Konjunktion mit dem Aszendenten gelangen und eine bemerkbare Wirkung haben. Falls die Eklipse keinen Aspekt auf das Geburtshoroskop wirft, wären, falls besagter Ansatz eine

Gültigkeit haben sollte, die astrologischen Umstände für alle Menschen auf der Welt die gleichen, wenn Mars oder Saturn diesen Grad transitieren. So scheint der Bezug zur Mundanastrologie angemessener.

Letztlich können Neu- und Vollmonde als Auslöser von Themen, welche mit anderen, weiterreichenden, zu dieser Zeit wirkenden Progressionen und Transiten im Zusammenhang stehen, wirken. Wenn dies eintrifft, mag es scheinen, dass der Neu- oder Vollmond für die überraschende Manifestation verantwortlich sind, wobei es effektiv die andern astrologischen Faktoren sind, welche die wichtigere Entsprechung haben. Sind aber die Progressionen und Transite ruhig und unwirksam, bleiben Voll- und Neumonde in ihrer Wirkung relativ irrelevant und sind, obwohl ihnen im Moment viel Aufmerksamkeit und Energie zugesprochen wird, nichtsdestotrotz kurz in ihrer Wichtigkeit.

# 5. Einführung in die Interpretation

Zu verstehen, welche Bedeutung eine gegebene Progression oder ein gegebener Transit für ein bestimmtes Geburtshoroskop hat, ist nur ein Teil der ganzen Prognose-Tätigkeit. Jeder Einfluss muss in Beziehung zu den anderen Einflüssen betrachtet werden, die gleichzeitig wirksam sind; zusätzlich gibt es noch eine ganze Anzahl allgemeiner Interpretationsfaktoren, die ebenfalls erörtert werden müssen. In diesem Kapitel werden zuerst diese verschiedenen allgemeinen Dinge besprochen, anschliessend folgen einige praxisbezogenere Überlegungen. Zu jedem Zeitpunkt sind so viele verschiedene astrologische Einflüsse gleichzeitig wirksam, jeder von anderer Stärke, Wichtigkeit und Dauer, dass es unbedingt notwendig ist, eine wirkungsvolle Methode für die Verarbeitung dieser Fülle von verfügbaren Daten zu entwickeln.

Immer wieder ist in diesem Buch die wichtige Rolle des Geburtshoroskops unterstrichen worden. Wenn ein neuer Klient zu einem Astrologen kommt und lediglich seine aktuellen Progressionen und Transite für die nächsten ein oder zwei Jahre erfahren will, empfehle ich, bevor man sich auf eine Prognose einlässt, zumindest eine kurze zusammengefasste Interpretation des Geburtshoroskops zu machen, gleichgültig ob der vorherige Astrologe bekannt und vertrauenswürdig ist oder nicht. Was immer im Horoskop aufgrund einer Progression oder eines Transits geschieht, muss stets auf das Geburtsschema zurückgeführt werden, um zu sehen, was das Geburtshoroskop verspricht oder vermuten lässt. Progressionen und Transite, die vielleicht als extrem günstig erscheinen, werden durch ein Geburtshoroskop, in dem eine Qualität von Strenge und Befangenheit angelegt ist, wesentlich beeinträchtigt werden. Ebenso ist es durchaus wahrscheinlich, dass dort, wo die Anzeichen scheinbar auf eine Konzentration von Unstimmigkeiten hinweisen, in einem eher harmonischen Geburtshoroskop die Auswirkungen etwas lästig, aber ohne weiteres erträglich sein werden.

Folglich wird jeder Progression und jedem Transit in jedem einzelnen Geburtshoroskop eine eigene, individuelle Bedeutung zukommen. Sowohl der Geburtsplanet als auch (in geringerem Masse) der auslösende Planet müssen unter folgenden Gesichtspunkten betrachtet werden: Soll die Qualität der planetarischen Energie bestimmt werden, so ist die Zeichenstellung im Geburtshoroskop massgebend; für den Hauptbereich, auf den sich diese Energie konzentriert, ist die Hausplazierung bestimmend; und schliesslich hilft als weitaus wichtigster Gesichtspunkt der Aspekt, die dynamischen Veränderungen der Energie zu erkennen. Der transitierende Neptun im Quadrat zu Merkur in den Fischen würde z. B. eine bereits unklare oder übersinnliche Mentalität betonen; befände sich Merkur jedoch in der Jungfrau, wäre es ein ordentlicher Verstand, der durch den Transit entweder verwirrt oder inspiriert würde. Bei Merkur im zwölften Haus würde eine innere nachdenkliche Tendenz verstärkt werden, während jemand mit Merkur im dritten Haus erleben könnte, dass sein Interesse am Schreiben und am Gespräch entweder gesteigert wird oder sich völlig verflüchtigt. Auch die Geburtsaspekte des Merkur sind sehr wahrscheinlich von Bedeutung. Eine Bezugnahme auf die beherrschten Häuser kann ebenfalls dazu dienen, einen Anhaltspunkt für die möglichen Auswirkungen des Transits zu finden. Wie schon in vorhergehenden Kapiteln besprochen, wird auch die Häuserposition des laufenden Planeten (und in geringerem Ausmass auch sein Zeichen) für die Interpretation wichtig sein. Jemand, der geübt und erfahren ist, wird diese Schritte automatisch durchführen, doch ist es hier wichtig, auf sie aufmerksam zu machen.

Einleuchtender ist die Wichtigkeit, das Verhalten aller zeitauslösenden Faktoren im Horoskop während der zu betrachtenden Periode zu untersuchen, bevor man irgendeine Voraussage für diese Periode wagt. Es ist eine ständige Versuchung, sich auf einen oder zwei Transite, manchmal auch Progressionen zu konzentrieren (oder sich gar völlig davon hypnotisieren zu lassen), die vielleicht gerade wirksam sind. Dies werden normalerweise entweder die offensichtlichen, das heisst die am einfachsten erkennbaren oder die aufregenden Indikatoren sein, welche auch meistens am leichtesten zu interpretieren sind. In diesem Zusammenhang meine ich aufregende Einflüsse eher aus der Sicht des Astrologen als in den Augen des Freundes oder Klienten. So manches Mal schon hat ein Hobbyastrologe frohlockend darauf hingewiesen, dass in einigen Monaten Saturn oder Pluto über Sonne, Mond oder Venus transitieren werde. Der Astrologe beachtet den Hilfeschrei nicht, der im Anbieten einer schmuddeligen Photokopie eines vor Jahren erstellten Horoskops liegt, und er versäumt eine wohlüberlegte Interpretation dieses Transits (im Zusammenhang mit den anderen Einflüssen), welcher mit äusserst bedeutenden Ereignissen im Leben der betreffenden Person in Verbindung stehen könnte.

Selbst ein verantwortungsvollerer Astrologe könnte durch ein paar verblüffende Transite in Versuchung kommen und durch das, was ich die «power trap» (zu deutsch etwa: die «Macht-Falle») nenne, unabsichtlich dazu verlockt werden, mit seinem Können zu protzen, Ereignisse vorauszusagen und der anderen Person zu sagen, was sie tun soll. Er erlaubt sich, für eine Weile Gott zu spielen, hinter der Maske des Retters und Helfers. Zuallererst müssen in der Praxis alle Transite und Progressionen untersucht werden, bevor irgendeine Interpretation zusammengestellt werden kann. Zum Beispiel wird der transitierende Saturn in Konjunktion zur Sonne sehr unterschiedliche Bedeutungen haben, je nachdem ob gleichzeitig die progressive Venus in Konjunktion zu Uranus oder der progressive Mars in Konjunktion zu Pluto oder die progressive Sonne in Konjunktion zu Jupiter steht. Zweitens muss bei der Präsentation auf das Gleichgewicht zwischen Beratung und Hilfe und zwischen Vorhersage, Prognose und blosser

Beschreibung der Einflüsse geachtet werden. Die Realität des Einzelnen und seine persönlichen Zielsetzungen müssen respektiert werden; sein Lebensweg ist zu jedem gegebenen Zeitpunkt dort, wo er sich gerade aufhält, und es ist sehr wahrscheinlich, dass es nicht der gleiche Weg ist wie der des Astrologen. C. G. Jung hat die Beziehung zwischen Psychoanalytiker und Patient sogar noch ausdrücklicher formuliert: «Der grösste Fehler, den ein Analytiker machen kann, ist anzunehmen, sein Patient habe ein ähnliches Seelenleben wie er selbst.»

Will man die Realität und die Bedürfnisse einer Person respektieren, ist es oft schwierig zu entscheiden, in welchem Masse man Ratschläge erteilen soll, besonders wenn ein verwirrter Klient fragt: «Was soll ich tun?» oder «Sagen Sie mir, was auf mich zukommt». Vorhersagen geben einem beeinflussbaren Geist Nahrung, und viele Leute werden ihr möglichstes tun, um die Prophezeihung des Astrologen zu erfüllen. Und wenn sie dann zum Astrologen zurückkommen, um dessen Können zu loben und zu verkünden, dass alles Vorausgesagte eingetroffen ist, so schüren sie sogar ein noch gefährlicheres Feuer, indem sie nun ihrerseits die «gottähnlichen Machtvisionen» im Astrologen nähren. Dieses trügerische Einverständnis kommt sehr oft vor und stellt eine Falle dar, in die man allzu leicht gerät, aber sie ist weder für den Astrologen noch für den Klienten ein heilsamer Beitrag, und ebensowenig für andere Leute, mit denen diese in Kontakt stehen. Oft wird eine Person den gegebenen Ratschlag nicht annehmen, denn es gibt Zeiten, in denen die Psyche oder die Seele weiss, dass sie eine scheinbar katastrophale Episode braucht, um die Tiefe des Abgrunds zu erleben, oder man könnte sogar soweit gehen und sagen, um das Böse selbst zu erfahren, damit das Ego aus seiner verantwortungslosen Haltung geweckt und dazu gebracht wird, wieder ein Stück zu reifen. Selbstzufriedene Gleichgültigkeit kann nur durch drastische Erfahrungen zu Bewusstsein gebracht werden.

Studenten fragen oft, wie sehr sie bei einer Prognose ins Detail gehen sollen. Im Anfangsstadium ist es ratsam, nur die Konjunktionen, Quadrate und Oppositionen zu untersuchen, die von der progressiven Sonne und den progressiven Planeten Merkur, Venus und Mars sowie bei den Transiten von Pluto, Neptun, Uranus und Saturn gebildet werden. Miteinbezogen werden sollten auch Konjunktionen des progressiven Mondes, und in jenen Horoskopen, in denen die Gradzahlen der Radixhauptachsen verlässlich sind, auch der progressive Aszendent und MC. Sobald man durch die Praxis Erfahrungen gesammelt hat, können mehr Details mit einbezogen werden: Quinkunxe, Sextile, Trigone- und die 45°-Aspekte. Alle Aspekte des progressiven Mondes und die Jupiter-Transite können hinzugenommen werden; ausserdem Voll- und Neumondstellungen sowie Sonnenbogendirektionen und etwaige andere bevorzugte Techniken (siehe Kapitel 8). Diese sind Geschmackssache, und jeder Astrologe wird den Stil bzw. die Methode entwickeln, die ihm entspricht. Ich persönlich glaube, dass zu viele Details wohl eher verwirrend als aufklärend sind; wenn irgendein Astrologe sämtliche existierenden Vorhersagetechniken in vollem Umfang anwenden müsste, so wäre die einzig mögliche Prognose, die er sich selbst stellen könnte: «Du wirst das ganze nächste Jahr an deinem Schreibtisch verbringen mit Tabellenbüchern und einem Taschenrechner — ja sogar noch länger, wenn du versuchst, auch noch am Horoskop eines anderen zu arbeiten.» Ich ziehe es vor, wenn die Astrologie ein Beitrag bzw. eine Hilfe für das übrige Leben ist, und nicht umgekehrt.

Die Frage, wie detailliert eine astrologische Beratung ausfallen soll, hängt selbstverständlich auch vom Klienten ab. Viele wollen keine detaillierten monatlichen oder wöchentlichen Prognosen, sondern ziehen es vor, nur die groben Tendenzen zu erfahren. Diese Leute werden eher daran interessiert sein, sich mit dem Verständnis ihres Geburtshoroskops und dessen Entfaltung während ihres Lebens auseinanderzusetzen, während sie bereit sind, die kurzlebigen monatlichen und wöchentlichen Einflüsse spontan in ihren Gefühlen und im Alltag wahrzunehmen. Andere Klienten suchen ein grösseres Mass an Führung und brauchen Information im voraus und Bestätigung von aussen für all die vergänglichen Ereignisse des Lebens. Die Gefahr für eine solche Person besteht darin, dass die Astrologie (bzw. der Astrologe) die Regie über ihr Leben übernehmen kann, und somit die persönliche Verantwortung verschwindet. Die Chance für ein psychologisches Wachstum ist damit verloren. Die erstere Person, wiederum, wird die Astrologie in ihrer Eigenschaft als Hilfestellung für ein erfülltes und erfolgreiches Leben wahrscheinlich nicht in vollem Masse ausschöpfen. Deshalb ist es wichtig, ein vernünftiges Gleichgewicht zu wahren — bei astrologischen Zukunftsbeobachtungen genauso wie in allen anderen Dingen. Wo ein Extrem existiert, gibt es immer auch ein unbewusstes Gegenextrem, welches für das Gleichgewicht sorgt; alles, was unbewusst ist, kann seinen Träger ohne dessen Wissen manipulieren und damit verwickelte Probleme in dessen persönlichem Leben schaffen und sämtliche Beziehungen in ungewollten Projektionen verstricken. Der Gleichgewichtszustand, bzw. der Mittelweg, beinhaltet also ein gesundes Mass an Bewusstsein über beide Extreme; von diesem Ausgangspunkt kann der Astrologe die Techniken, die Details und den Umgang mit Klienten wählen, welche ihm wirklich entsprechen — und er braucht sich auch nicht daran hindern zu lassen, diese entsprechend seiner persönlichen Entwicklung, und dem Anwachsen seines Wissens in der Astrologie und anderen wichtigen Bereichen zu verändern.

## Die Stärke der Aspekte

Es ist nicht möglich, Regeln über die Stärke von Aspekten aufzustellen, da jeder Fall in jedem einzelnen Geburtshoroskop gesondert betrachtet werden muss. Die Sonne ist immer ein bedeutender Indikator, normalerweise der wichtigste. Befindet sich jedoch beispielsweise in einem Horoskop die Sonne in den Fischen im zwölften Haus, und steht Mars am Aszendenten im Kardinalzeichen Widder, so hat der progressive Mars eine stärker nach aussen gehende Wirkung als in vielen Fällen die progressive Sonne und kann deshalb offenbar stärker zum Ausdruck kommen.

Generell ist ein Aspekt desto stärker, je genauer er ist. Theoretisch ist der Einfluss der Aspekte in der Aufbauphase stärker als während der Abbauphase; allerdings bin ich von dieser Interpretation nicht ganz überzeugt. Normalerweise ist die Spannung grösser, während der Aspekt sich seiner genauen Auslösung nähert; doch das Resultat des Aspektkontakts — ob es sich nun um äussere Ereignisse, emotionale Erfahrungen oder innere Erkenntnisse handelt — taucht erst nach dem Höhepunkt, das heisst während der Trennungsphase, auf. In diesem Zusammenhang das Wort ‹Stärke› zu gebrauchen ist wohl allzu vereinfachend, und betont die Unzulänglichkeit von absoluten Aussagen in der Astrologie. Erfahrungsgemäss meine ich, dass Aspekte von progressiven Planeten zu Geburtsplaneten stärker sind als solche von progressiven zu progressiven Planeten, und auch mehr Gewicht haben als Direktionen. Die Frage, ob Progressionen stärker als Transite sind, kann man unmöglich beantworten. Die einzige Antwort ist, dass es dabei auf die Umstände ankommt. Zu einer Aussage gezwungen, würde ich sagen, dass eine Progression wegen ihres lang anhaltenden, langsam wirkenden Einflusses möglicherweise wichtiger ist. Sicher würde man beispielsweise eine Konjunktion zwischen progressiver Sonne und Radix-Saturn stärker empfinden als einen gleichzeitigen Jupiter-Transit über Venus am Aszendenten; doch würde Jupiter immerhin Saturns dunkle Wolken mit einem silbernen Rand versehen, und vielleicht würde auch die durch den Saturnaspekt erzwungene Disziplin ihrerseits gewisse Vorteile mit sich bringen. Wenn aber zur Zeit einer starken Transitaktivität von Saturn die progressive Sonne in Konjunktion zu Jupiter stünde, liesse sich über das Kräfteverhältnis streiten. In diesem Fall würde die Progression dazu beitragen, eine Saturnwiederkehr oder einen Saturn in Konjunktion zum Aszendenten zu einem besonders positiven Start in einen neuen Zyklus zu machen; würde Saturn aber beispielsweise Mars oder Venus transitieren, so müsste man Frustrationen und Schwierigkeiten hinnehmen, um die Gelegenheiten von Jupiter überhaupt wahrnehmen zu können, und der Transiteinfluss könnte von der betreffenden Person sehr wohl als stärker empfunden werden.

Ein Stillstand, ob bei Progressionen oder Transiten, ist immer stark, doch darf man auch hier Einflussdauer nicht mit Stärke verwechseln. Ein Stillstand des progressiven Mars wäre bezüglich seiner Aspekte etwa fünfundzwanzig Jahre lang innerhalb eines Orbis von 1° und wird deshalb fast zu einem Bestandteil des Geburtshoroskops. Der Stillstand eines transitierenden Planeten hat dann eine gewisse zusätzliche Stärke, wenn er empfindliche Punkte des Geburtshoroskops berührt; zwischen direkt- und rückläufigen Transiten gibt es jedoch keine Unterschiede in der Wirkung. Normalerweise ergeben sich drei (selten auch fünf) Transite über einen bestimmten Punkt, wenn der transitierende Planet rückläufig wird, je nach der zeitlichen Abstimmung bedeutet dies, dass die Auswirkung der Interaktion zwischen transitivem Planeten und dem von ihm berührten Punkt im Geburtshoroskop sich über eine längere Zeitspanne erstrecken wird. Manchmal ist es jedoch möglich, zwischen den drei Aspektbildungen zu unterscheiden – die erste (direktläufige) ist die Vorbereitung, die zweite (rückläufige) ist die Verwirklichung und die dritte (direktläufige) ist das Ergebnis. Manchmal erreicht ein Stillstand einen empfindlichen Punkt im Geburtshoroskop nicht ganz. Da ein Stillstand jedoch eine Konzentration der Energie des betreffenden Planeten bewirkt, ist es gerechtfertigt, die normalen Orbis zu erweitern, und in unserem Beispiel könnte selbst drei oder vier Grade weit entfernt noch eine gewisse Wirkung wahrgenommen werden. Wäre der fragliche Planet Uranus, so könnte ein solcher stationärer Transit als eine Art Vorwarnung dienen, quasi ein Rauchzeichen auf einem fernen Hügel, für die unerwartete Änderung, die der eigentliche Transit einige Monate später bringen würde.

Es ist möglich und gerechtfertigt, bei der Erstellung einer Prognose Aspekte zwischen transitierenden und progressiven Planeten zu benützen. Viele Leute finden solche Aspekte hinreichend wichtig; ich persönlich habe jedoch nicht diese Erfahrung gemacht. Wenn sie benutzt werden, empfehle ich, sie den anderen Transiten und Progressionen unterzuordnen.

## Orbis

Die Grösse der für Prognosearbeit benützten Orbis ist eine Sache des persönlichen Ermessens, aber sie werden sicher kleiner sein als diejenigen, die für die Deutung des Geburtshoroskop als zulässig gelten. Generell würde ich ein Grad vor und ein Grad nach dem genauen Aspekt vorschlagen, es wäre jedoch naiv zu glauben, dass der Einfluss abrupt aufhört, wenn der betreffende Planet sich ein Grad und eine Minute von der genauen Position entfernt befindet. Es kommt in jedem einzelnen Fall auf die Umstände an – gibt es drei (oder sogar fünf) Transite, wie es bei Rückläufigkeit der Fall ist, so wird der spezifische Einfluss des transitierenden Planeten während der ganzen Periode wellenartig an- und abschwellen. Wie ich schon in meinem ersten Buch dieser Serie, ‹How to interpret a Birth Chart› [Die Interpretation des Geburtshoroskops] (Aquarian Press, 1981), erwähnte, können Orbis mit dem Ton eines Gongs verglichen werden, der langsam ausklingt – dieser hängt nämlich von verschiedenen Faktoren ab: wie stark der Schlag war, wie empfindlich das Gehör ist, wieviel Hintergrundgeräusche es gibt und wie die Akustik der Umgebung beschaffen ist. Folglich ist es vollkommen berechtigt, die Wirkungen eines Transits bis zu zwei Grad vor oder nach der genauen Auslösung zu berücksichtigen.

76

Da die Bewegung der progressiven Planeten im allgemeinen langsamer und gleichmässiger ist, dürfen etwas engere Orbis benützt werden. Eine Sonnenprogression, zum Beispiel, ist zwischen einem Jahr und 18 Monaten wirksam, was einer Bewegung im Horoskop von ungefähr $1° - 1\frac{1}{2}°$ entspricht. Daher ziehen es viele Leute vor, für Progressionen Orbis von je einem Grad auf jeder Seite bzw. von einem Grad vor und einem halben Grad nach dem genauen Aspekt zu benutzen. Stephen Arroyo empfiehlt in seinem ausgezeichneten Buch «Astrologie, Karma und Transformation», für den progressiven Mond Zeitorbis zu benützen. Obwohl sich dies technisch nicht von der Verwendung von Längenorbis unterscheidet, ist es ein besonders nützliches Konzept. Es führt uns in unserer Denkweise weg von streng festgesetzten Orbis und ermutigt zu einer Haltung, mit der Progressionen auf die praktische Ebene des täglichen Lebens angewandt werden, wenn nötig mit einer gewissen Flexibilität. Dieses Konzept ist ebenso gültig für die Progressionen anderer Planeten.

## Die Verarbeitung der Information

Ich habe Studenten empfohlen, beim Einstieg in die Prognose vorerst nur die Hauptaspekte der wichtigen Planeten zu benützen. Trotzdem ist es offensichtlich besser, wenn man soviel Informationen benützt, wie man verdauen kann, da sie alle relevant sind, wenn auch mit verschieden starkem Einfluss. Die «Faculty of Astrological Studies» gibt ein nützliches Arbeitsblatt für Progressionen heraus, mit dessen Hilfe es möglich ist, eine Menge Information kurz, verständlich und mit einem Blick überschaubar darzustellen. Viele Inhaber des Fakultätsdiploms empfinden dieses Formular als einen Segen beim Zusammentragen aller Prognoseinformationen, die sie benützen möchten. Es ist auch eine hervorragende Schulung, wenn man anfängt, mit detaillierter Prognose zu arbeiten. Leute, die Formulare nicht mögen (mich eingeschlossen), entwickeln, nachdem sie etwas Erfahrung gesammelt haben, vielleicht lieber ihr eigenes System. Als Beispiel, wie man ein einfaches Blatt Papier benützen und es den eigenen Bedürfnissen anpassen kann, habe ich auch ein Beispiel meiner eigenen Methode angefügt.

Welche Darstellungsweise auch immer gewählt wird, zuerst muss die Vorbereitungsarbeit getan werden. Ist einmal der Indextag ermittelt, so kann der Progresstag für das betrachtete Jahr in der Ephemeride gefunden werden. Dann wird die Information zu Papier gebracht. Ich benütze ein gewöhnliches Blatt DIN A4-Papier und teile es in ungefähr fünf Spalten ein. In die erste Spalte trage ich in blauer Farbe meine astrologischen Notizen über das Geburtshoroskop ein. In der zweiten Spalte liste ich in grün sämtliche Aspekte, die von progressiven und transitierenden Planeten und Achsen gebildet werden, auf, geordnet nach Wichtigkeit und grob nach Bewegungsgeschwindigkeit. Folglich stehen die langsamen Progressionen an oberster Stelle, beginnend mit der Sonne, gefolgt von Merkur, Venus, Mars, dem Aszendenten und dem Medium Coeli. (Obwohl der progressive Mars sich am langsamsten vorwärtsbewegt, ist dies eine günstige Anordnung, da sie sich an die Ephemeride anlehnt.) Danach kommen die Direktionen; der Einfachheit halber erscheinen diese normalerweise in der Reihenfolge ihrer Anordnung auf dem Horoskop. Nachdem ich den Sonnenbogen berechnet habe, stelle ich ihn auf dem Zirkel ein und wende ihn auf alle Planeten der Reihe nach an. Die Spitze des Zirkels macht es mir leichter die Aspekte zu sehen. Die Transit-Aspekte werden der Reihe nach eingesetzt — Pluto, Neptun, Uranus, Saturn und Jupiter. Zum Schluss werden die Aspekte des progressiven Mondes eingetragen. Dies tut man nicht deshalb am Ende, weil der Mond als weniger wichtig betrachtet wird, sondern weil man zum Geburtsjahr in der Ephemeride zurückgehen und die Zwischenpositionen berechnen muss. Der tägliche Verlauf des Mondes, durch zwölf geteilt, ergibt die monatliche Progressionsbewegung, und nun ist es ein Leichtes, die zwölf monatlichen Positionen aufzuschreiben (siehe Beispiel auf Seite 43). Für gröbere Prognosearbeiten teilt man die tägliche Bewegung des Mondes durch vier und benützt vierteljährliche progressive Positionen für das untersuchte Jahr.

Sind diese Informationen einmal zusammengestellt, ist es kein Problem, sie nach der Ordnung ihrer zeitlichen Abfolge zu übertragen, wobei man auch die grobe Reihenfolge ihrer Wichtigkeit immer noch im Gedächtnis behält. So zeigen die letzten Spalten auf einen Blick, und zwar in schwarz, zuerst die wichtigen langanhaltenden Progressionen und Transite für das Jahr und dann die schnellerwirkenden Transite und den progressiven Mond für jeden Monat. Ein Beispiel für die Daten von Prinz Charles ist auf Seite 131 (Abbildung 10) und für diejenigen von Prinzessin Diana auf Seite 124 (Abbildung 7) aufgeführt.

Das FAS-Arbeitsblatt Nr. 3 für Progressionen bietet viele Vorteile gegenüber der Freeman'schen ‹Ein-Blatt-Methode›. Ein Beispiel dafür finden Sie auf Seite 125 (Abbildung 8). Die Information im oberen linken Eckkasten ist unkompliziert und berücksichtigt konverse Progressionen sowie die zwei Methoden zur Berechnung der progressiven Achsen. Die MCC (Midheaven constant = Medium-Coeli-Konstante) ist eine dritte Methode, um die Achsen zu progredieren (wird im Formular erklärt). Sie hat den Vorteil, dass sie für Horoskope, in denen die Progressionen regelmässig besprochen werden sollen, nur einmal berechnet werden muss; benützt man jedoch Sonnenbogendirektionen, muss der Sonnenbogen ohnehin berechnet werden. Unter dem Kasten mit den Grundinformationen befindet sich eine Spalte für das Auflisten der Geburtsplaneten in numerischer Reihenfolge. Dadurch wird es wesentlich einfacher die Aspekte zu erkennen, welche in einer weiteren dafür vorgesehenen Spalte eingetragen werden. Es sind auch freie Felder vorhanden für die monatlichen Positionen des progressiven Mondes, die Transite und den Neu- bzw. Vollmond und es gibt Abschnitte für Direktionen, Halbsummen und Kommentare. Dieses Arbeitsblatt ist hervorragend für detaillierte Arbeiten über irgendein gegebenes Jahr und unterstreicht den progressiven Mond gebührend; es eignet sich jedoch nicht so sehr für grobe Fünfjahres-Trendanalysen. Ausserdem sind die Informationen nicht nach der Einflussdauer, dem ungefähren Wichtigkeitsgrad und der zeitlichen Abfolge geordnet, wie das bei der ‹Ein-Blatt-Methode› der Fall ist; dennoch ist es relativ einfach, die Informationen in der Reihenfolge ihrer Wichtigkeit zu erkennen, wenn man die Fleissarbeit des Umschreibens scheut, die bei meiner ‹Ein-Blatt-Methode› anfällt. Auf jeden Fall sind beide Methoden nützliche Beispiele und werden dem Leser gegebenenfalls bei der Entwicklung seiner eigenen Methode hilfreich sein.

# 6. Interpretation

Wie in diesem Buch bereits öfters betont wurde, können jegliche Aspektbildungen fortschreitender Planeten nur mit Bezugnahme auf das zugrundeliegende Geburtshoroskop richtig interpretiert werden. Nicht nur kann sich ein Aspekt in der Praxis auf verschiedene Arten manifestieren; auch die Bedeutung der beiden beteiligten Planeten selbst wird nicht genau der Standardversion aus dem Lehrbuch entsprechen, sondern aufgrund ihrer jeweiligen Stellung im Geburtshoroskop abgewandelt sein. Somit sind die Interpretationen auf den folgenden Seiten nur anregende Beispiele, aus dem Zusammenhang genommen, und müssen als solche behandelt werden. Es ist empfehlenswert, auch auf die allgemeineren Kommentare zur Interpretation weiter vorne in diesem Buch Bezug zu nehmen.

*Anmerkung:* Jeder der nun folgenden Abschnitte bezieht sich auf den Kontakt zwischen zwei Planeten. Das Wort «und» (z. B. Sonne und Venus) bezieht sich auf alle Aspekte, die von der Sonne zur Radix-Venus und von Venus zur Radix-Sonne gebildet werden. Das Wort «zu» (z. B. Mars zu Pluto) bezieht sich nur auf Aspekte von Mars zum Radix-Pluto. Aspekte von Pluto zum Radix-Mars werden in einem späteren Abschnitt behandelt.

## Sonne — Progressionen und Direktionen

- Schlagen Sie zuerst Kapitel 3, Seite 44 nach.
- Modifizieren Sie Interpretationen in Bezug auf Zeichen, Haus, Aspekte und beherrschte Häuser im Geburtshoroskop.
- Die ungefähre Zeitspanne für Aspekte, die von der progressiven Sonne gebildet werden, beträgt ein bis zwei Jahre.

*Sonne zur Sonne:* (Mögliche Aspekte: Halbsextil, Halbquadrat, Sextil, spät im Leben Quadrat.) Eine Zeit potentieller persönlicher Integration oder Prüfung. Durch Radix-Haus, -Zeichen und -Aspekte angezeigte Fähigkeiten können realisiert werden. Wille und Lebenskraft sind gestärkt.

*Sonne und Mond:* Sowohl Sonne in Konjunktion zum Radix-Mond als auch Sonne in Konjunktion zum progressiven Mond (progressiver Neumond) weisen auf eine im Hintergrund vorhandene Möglichkeit für Neuanfänge oder den Beginn neuer persönlicher Zyklen hin. Die Opposition oder der progressive Vollmond kann zwar anstrengend sein, trägt aber die Möglichkeit in sich, eine Zeit grosser Produktivität zu sein. All die möglichen Aspekte beinhalten den Kontakt zwischen männlichem und weiblichem Prinzip, entweder in einer symbolischen inneren Integration oder in der äusseren Welt. Emotionen stehen im

Vordergrund, wobei es um Angelegenheiten des vom Mond besetzten, oder auch des von ihm beherrschten Hauses gehen kann.

*Sonne und Merkur:* (Begrenzte Aspektmöglichkeiten.) Geistige und kommunikative Aktivität wird stimuliert. Dies kann verbunden sein mit Schreiben, Reden, Lehren, Lernen, Lesen, Handel, Transport oder Reisen. Die von Merkur beherrschten Häuser und seine Plazierung müssen in Betracht gezogen werden.

*Sonne und Venus:* (Begrenzte Aspektmöglichkeiten.) Angelegenheiten im Zusammenhang mit engen persönlichen Beziehungen werden betont, besonders dann, wenn Venus das siebente oder achte Haus beherrscht. Künstlerische Betätigung und gesellschaftliche Aktivitäten werden ersehnt oder genossen, doch die weniger harmonischen Aspekte können zu Überspanntheit und verschwenderischer Genussucht anregen. Da diese zwei Planeten im Geburtshoroskop nie mehr als 48° voneinander entfernt sind, tritt mit einiger Wahrscheinlichkeit im Leben der meisten Menschen eine Konjunktion entweder von progressiver Sonne zu Radix-Venus oder von progressiver Venus zur Radix-Sonne auf, und dies zeigt gewöhnlich eine wichtige Beziehung an, ausser wenn der Aspekt zu früh im Leben auftritt.

*Sonne und Mars:* Eine Periode erhöhter Energie und Aktivität. Dies kann sehr konstruktiv sein, wenn die Energien richtig gelenkt werden können, aber Impulsivität, Ärger und Leidenschaft können geweckt werden, was möglicherweise unbesonnenes Verhalten zur Folge hat. Unabhängigkeit und Durchsetzungsvermögen sind verstärkt spürbar. Überanstrengung ist möglich — Mars im Geburtshoroskop sollte überprüft werden.

*Sonne zu Jupiter:* Eine Zeit der Möglichkeiten, des Vergnügens und der Ausdehnung, oft Leistung und Erfolg, besonders im Falle der Konjunktion. Oft werden weite Reisen unternommen. Interesse an oder Kontakt mit philosophischen oder religiösen Fragen ist möglich. Je nach der Plazierung im Radix besteht die Gefahr der Verschwendung, übermässiger Genussucht und Erschöpfung. Die Angelegenheiten der Häuser, wo Jupiter herrscht und plaziert ist, sind wahrscheinlich von Bedeutung.

*Sonne zu Saturn:* Eine Zeit der Ernsthaftigkeit und der harten Arbeit. Die Möglichkeiten, Erfahrenes zu festigen und die Lektionen des Lebens zu lernen, wie z. B. Geduld und Verantwortung, sind dort am stärksten, wo die harmonischeren Aspekte betroffen sind, doch muss auch das Geburtshoroskop mit in Betracht gezogen werden. Es ist möglich, Erfolge zu erzielen, im Sinne von Belohnung für unermüdliche Anstrengung und Pflichterfüllung. Frustrationen, Schwierigkeiten und Verzögerungen können auftreten, manchmal Krankheit oder Verlust — überprüfen Sie die beherrschten Häuser.

*Sonne zu Uranus:* Eine Zeit der Veränderung, fortschrittlicher Ideen und dynamischer Aktivität. Ungewöhnliche oder originelle Gefühle und Ereignisse sind möglich, aber es ist oft eine Zeit von gespannter Überempfindlichkeit und Aufruhr — siehe Uranus' Stellung im Radix. Unerwartete Ereignisse und sprunghaftes Benehmen sind angezeigt.

*Sonne zu Neptun:* Eine Zeit erhöhter Sensibilität. Dies kann als Spiritualität, Inspiration und psychische Verfeinerung erlebt werden, doch werden in der äusseren Welt des täglichen Lebens die Energien oft verzerrt, und es kann ein Fluchtbedürfnis entstehen. Die Folge kann Verwirrung und Täuschung sein, mit dem Gefühl, völlig zu «schwimmen» und im Dunkeln zu tappen. In einem gewissen Masse ist hier die Erfahrung des Loslassens notwendig (überprüfen Sie Neptuns Hausplazierung und -herrschaft). Alkohol- und Drogenmissbrauch können eine Gefahr darstellen.

*Sonne zu Pluto:* Eine Zeit mächtiger Einflüsse, die eine persönliche Transformation unterstützen. Alle Gefühle und Ereignisse werden intensiviert und bis ins Extrem verstärkt, was oft grosse Tiefen und Höhen des Erlebens mit sich bringt. Oft müssen alte innere Strukturen zerstört werden, bevor Neues entstehen kann. Plutos Hausplazierung und -herrschaft können eine Rolle spielen.

*Sonne und Aszendent:* Persönliche Integration. Wenn die progressive Sonne in Konjunktion zum Aszendenten tritt, nachdem sie das zwölfte Haus durchlaufen hat, so weist dies auf eine Zeit der Neuanfänge und das Aufkommen individueller Leistung und Kreativität hin. Nähert sich der progressive Aszendent seiner Konjunktion zur Sonne, so deutet dies das allmähliche Erreichen des Höhepunkts der Integration an. Andere Aspekte haben weniger starke Folgen, doch unter Einfluss der spannungsreicheren Aspekte ist Integration nur sehr schwer möglich. Die Hausplazierung der Sonne ist zu prüfen.

*Sonne und MC:* Eine Zeit, die sich auf äusserliche Dinge konzentriert. Die Konjunktionen bringen die grösste Gelegenheit für weltliche Errungenschaften mit sich, während die weniger harmonischen Aspekte Schwierigkeiten und Prüfungen im Zusammenhang mit der äusseren Umgebung anzeigen. Prüfen Sie die Hausplazierung der Sonne.


# Merkur — Progressionen und Direktionen

- Schlagen Sie zuerst Kapitel 3, Seite 45 nach.
- Modifizieren Sie Interpretationen in Bezug auf Zeichen, Haus, Aspekte und Herrschaftsbereiche im Geburtshoroskop.
- Die Zeitspanne variiert; sie kann nur sechs bis neun Monate betragen, oder auch mehrere Jahre, wenn eine stationäre Phase hinzukommt.

*Merkur zum Mond:* Eine Zeit geistiger Wechselhaftigkeit. Die Intuition mag erhöht sein, doch wird intellektuelle Objektivität wahrscheinlich von den Gefühlen beeinflusst — prüfen Sie Hausplazierungen und Herrschaftsbereiche im Geburtshoroskop nach.

*Merkur zu Merkur:* Der Schwerpunkt während dieser Zeit liegt auf geistiger Tätigkeit und Kommunikation, mit besonders starkem Bezug zu Hausplazierung und beherrschten Häusern im Geburtshoroskop.

*Merkur und Venus:* Eine sanfte und freundliche Zeit, verbunden mit Harmonie und gesellschaftlichen Kontakten. Erfreuliche Gespräche und kreatives Schreiben sind möglich, aber die weniger harmonischen Aspekte können kleinere Schwierigkeiten aufgrund von leichtsinnigem Verhalten mit sich bringen. Hausplazierungen und Herrschaftsbereiche im Geburtshoroskop überprüfen.

*Merkur und Mars:* Eine Zeit voll Geisteskraft und Scharfsinn. Erhöhte Aktivität in der unmittelbaren Umgebung ist möglich, und es ergibt sich Gelegenheit für intellektuellen Fortschritt und für Initiative. Die schwierigeren Aspekte deuten auf eine scharfe Zunge und impulsive Entscheidungen hin. Häuserplazierungen und beherrschte Häuser sind besonders relevant.

*Merkur zu Jupiter:* Eine Zeit des geistigen Optimismus. Gelegenheiten oder Erfolg im Zusammenhang mit Kommunikation oder Verstand. Einstellungen, die einen weiten geistigen Horizont widerspiegeln; Wissen kann erweitert werden, besonders in tiefgründigeren Bereichen wie Philosophie oder Religion. Schwierigkeiten können durch Über-Optimismus und undiszipliniertes Denken verursacht werden — Hausplazierungen und beherrschte Häuser sind zu beachten.

*Merkur zu Saturn:* Eine Zeit geistiger Konzentration und ernster Einstellung. Harte Arbeit im Bereich der Kommunikation (Schreiben, Lehren, Lernen, etc.) kann notwendig sein, und obwohl dies Erfolge einbringen kann, ist es eher wahrscheinlich, dass bisher Gelerntes gefestigt wird und solide Grundlagen geschaffen werden. Pessimismus, Verzögerungen und Introversion sind möglich. Betrachten Sie die beherrschten Häuser.

*Merkur zu Uranus:* Eine Zeit von gesteigerter geistiger Aktivität und Erfindungsgeist. Neue und unerwartete Geistesblitze können schneller aufeinanderfolgen als man sie handhaben kann, doch häufig bringen sie die Möglichkeit zum Fortschritt. Nervöse Spannungen können ein Problem darstellen, und exzentrische oder rebellische Einstellungen können sich entwickeln. Veränderungen können auftreten in Angelegenheiten, die sich auf Merkurs Hausplazierung im Geburtshoroskop beziehen.

*Merkur zu Neptun:* Eine Zeit geistiger Empfindsamkeit und Phantasie. Kommunikation kann inspiriert und verfeinert sein, doch ein verwirrter und umnebelter Verstand macht es schwierig, kritikfähig zu bleiben. Intuition, Träume und vielleicht übersinnliche Kontakte werden angeregt, doch kann die Person auch übermässig beeinflussbar und in ihrem Urteilsvermögen eingeschränkt sein. Täuschung und Skandal sind möglich. Hausplazierungen und -herrschaft im Geburtshoroskop nachprüfen.

*Merkur zu Pluto:* Eine Zeit geistiger Tiefe; Transformation innerer Einstellungen. Möglicherweise der Wunsch nach Forschung und danach, die Rätsel des Lebens zu ergründen und tiefere Ursachen zu entdecken. Die weniger harmonischen Aspekte fördern eine explosive Mentalität, und die mächtige Kraft, die der Aspekt mit sich bringt, kann schwer zu handhaben sein. Geistige Labilität ist eine Gefahr, doch können Tiefenpsychologie und Analyse die Energie lenken. Die Person kann von kollektiven Ideen besessen sein. Beachten Sie Merkurs Hausplazierung und beherrschte Häuser.

*Merkur und Aszendent:* Eine Zeit der geistigen Aktivität und Kommunikation, besonders im Zusammenhang mit Angelegenheiten, die mit Merkurs Hausposition und Herrschaft im Geburtshoroskop zu tun haben.

*Merkur und MC:* Eine Zeit, die nach aussen gerichtete geistige und kommunikative Tätigkeit in weltlichen Angelegenheiten unterstreicht. Wahrscheinlich wird ein Zusammenhang mit denjenigen Dingen bestehen, die durch die im Geburtshoroskop von Merkur besetzten oder beherrschten Häuser repräsentiert werden.

*Merkur rückläufig stationär:* Eine Zeit geistiger Introversion, die später im Leben leichter zu handhaben ist als vor der ersten Saturnwiederkehr; schwierig während der Schulzeit. Hausplazierung und beherrschte Häuser beachten.

*Merkur direktläufig stationär:* Eine Zeit, in der geistige Barrieren abgebaut werden und sich der Person meist eine neue Kommunikationsfähigkeit eröffnet. Dieses Phänomen tritt immer innerhalb der ersten fünfundzwanzig Lebensjahre auf, wenn Merkur zum Zeitpunkt der Geburt rückläufig war. Überprüfen Sie Hausplazierung und beherrschte Häuser.

# Venus — Progressionen und Direktionen

- Schlagen Sie zuerst Kapitel 3, Seite 46 nach.
- Modifizieren Sie Interpretationen je nach Zeichen, Haus, Aspekten und beherrschten Häusern im Geburtshoroskop.
- Die ungefähre Zeitdauer beträgt ein bis zwei Jahre, jedoch länger, wenn eine stationäre Phase hinzukommt.

*Venus zum Mond:* Eine sanfte und entspannte Zeit der Harmonie und angenehmer Gefühlsreaktionen. Eine künstlerische Natur kann stimuliert werden, und geselliger Kontakt, besonders mit Frauen, ist angezeigt. Die weniger harmonischen Aspekte deuten eine Art sanfte und etwas einschmeichelnde Gleichgültigkeit und ein untätiges Sichgehenlassen an.

*Venus zu Venus:* (Nur begrenzte Aspektmöglichkeiten.) Eine Zeit, in der es um Beziehungen, Liebe, Instinkte, gesellschaftliche Angelegenheiten und künstlerische Interessen geht. Das Mass an Harmonie wird vom Aspekt abhängen, und es sollte auf Hausplazierung und beherrschte Häuser Bezug genommen werden.

*Venus zu Mars:* Eine Zeit warmer Zuneigung oder heisser Leidenschaft. Aspekte zwischen diesen beiden Planeten repräsentieren den Kontakt zwischen weiblichem und männlichem Prinzip auf einer weltlicheren Ebene als Sonne und Mond und können Liebesaffären, Heirat und ein intensiveres und genussreicheres Sexualleben andeuten. Gesellige Kontakte werden ebenfalls angeregt. Die weniger harmonischen Aspekte können sich auf Probleme beziehen, die aufgrund heftiger Leidenschaften entstehen. Hausplazierung und beherrschte Häuser überprüfen.

*Venus zu Jupiter:* Eine Zeit des Vergnügens und offen gezeigter Zuneigung. Manchmal bringen die beiden traditionellen Wohltäter Erfolg und Überfluss, besonders bei der Konjunktion, doch die weniger harmonischen Aspekte fördern Extravaganz und Genusssucht.

*Venus zu Saturn:* Eine Zeit der Kontrolle, Einschränkung und Verantwortung in Partnerbeziehungen, gesellschaftlichen Kontakten und künstlerischer Arbeit. Heirat ist beim Kontakt dieser beiden Planeten möglich, häufig mit einer älteren oder ernsten Person. Alle Beziehungen können eine Festigung erfahren. Die schwierigeren Aspekte, und manchmal auch die Konjunktion, sprechen von Lernerfahrungen, die durch Schwierigkeiten oder Enttäuschungen in Liebesbeziehungen gemacht werden müssen. Selbstzweifel und mangelndes Selbstvertrauen können in Angelegenheiten auftreten, die mit Venus und deren Hausplazierung und beherrschten Häusern in Zusammenhang stehen.

*Venus zu Uranus:* Eine Zeit emotionaler Spannung und Unberechenbarkeit. Veränderung oder Aufruhr in Beziehungen und gesellschaftlichen Aktivitäten ist möglich, aber ungewöhnliche und unerwartete Ereignisse können sich als aufregend und stimulierend erweisen. Einfallsreichtum, Geschicklichkeit und Originalität können im kreativen und künstlerischen Bereich erlangt werden. Berücksichtigen Sie Hausplazierung und Herrschaft der Venus.

*Venus zu Neptun:* Eine Zeit starker Sensibilität und exklusiver Harmonie. Emotionale Beziehungen können idealisiert oder auf eine spirituelle Ebene gehoben werden, was entweder zum Höhepunkt romantischer Empfindsamkeit oder zu Selbsttäuschung und Betrug führt. Unter dem Einfluss der unharmonischen Aspekte können Skandale vorkommen. Künstlerische Inspiration und Empfindsamkeit führen zu einer Verfeinerung der kreativen Fähigkeiten und des künstlerischen Verständnisses, was besonders auf Musik und Dichtung zutrifft. Hausplazierungen und Herrschaftshäuser überprüfen.

*Venus zu Pluto:* Eine Zeit der Transformation und inneren Veränderung in Beziehungen. Zwanghaftigkeit und Faszination können erlebt werden, und es kann eine Vertiefung aller Aktivitäten stattfinden, die in irgendeiner Weise mit Harmonie zusammenhängen — künstlerische Interessen und gesellige Zusammenkünfte ebenso wie Liebesbeziehungen. Beachten Sie Hausplazierungen und beherrschte Häuser.

*Venus und Aszendent:* Eine Zeit mit Schwerpunkt auf persönlichen Beziehungen und denjenigen Angelegenheiten, die durch Venus im Geburtshoroskop, ihr Haus und ihre Herrschaft verkörpert werden.

*Venus und MC:* Eine Zeit, die Beziehung, Kunst und Schönheit im Kontext der gesellschaftlichen Stellung der Person hervorhebt. Vermutlich wird es Verbindungen zu den Bereichen der Radix-Häuser geben, wo Venus plaziert ist bzw. herrscht.

86

*Venus rückläufig stationär:* Eine Zeit von Beziehungen und künstlerischen Aktivitäten, die einen introvertierten, festigenden oder einschränkenden Charakter haben. Hausplazierung und Herrschaft berücksichtigen.

*Venus direktläufig stationär:* Eine Zeit der Entfaltung, Öffnung und Ausweitung in Beziehungen und Kunst, vielleicht sogar ein leichter Durchbruch. Prüfen Sie Hausplazierung und Herrschaft.

# Mars — Progressionen und Direktionen

— Schlagen Sie zuerst Kapitel 3 Seite 46 nach.
— Modifizieren Sie Interpretationen unter Berücksichtigung von Zeichen, Haus, Aspekten und Herrschaftsbereichen im Geburtshoroskop.
— Ungefähre Zeitdauer ist 1½ — 2½ Jahre, kann aber beträchtlich länger sein, wenn eine stationäre Phase miteinbezogen ist.

*Mars zum Mond:* Eine Zeit emotionaler Aktivität und Unruhe. Es können Initiativen ergriffen werden, doch Streitigkeiten oder Probleme, bei denen Frauen eine Rolle spielen, können aufgrund von unbesonnenem Verhalten aufkommen. Hausplazierungen und Herrschafts-Häuser sind zu untersuchen.

*Mars zu Mars:* (Nur begrenzte Aspektmöglichkeiten.) Eine Zeit erhöhter Energie. Tatendrang, Initiative und kühnes, bahnbrecherisches Verhalten sind möglich, besonders in den Angelegenheiten der Häuser, wo Mars plaziert ist bzw. herrscht.

*Mars zu Jupiter:* Eine Zeit voll Enthusiasmus und energischem Selbstausdruck. Bei den harmonischen Aspekten ist es einfacher, diese Energie konstruktiv zu nutzen, und persönliche Leistung und Erfolg können erreicht werden. Fanatische Begeisterung, Leichtsinn und Rücksichtslosigkeit können dies jedoch zu einer Zeit zerstörerischer Aktivität machen. Überprüfen Sie beide Planeten im Geburtshoroskop.

*Mars zu Saturn:* Eine Zeit der Entschlossenheit und Frustration. Unter den harmonischeren Aspekten mag es einer Person möglich sein, ihre aktiven Energien zu erden und zu stabilisieren, doch im allgemeinen sind Einschränkungen und Schwierigkeiten beim Erzielen von Resultaten eher wahrscheinlich. Das Durchsetzungsvermögen einer Person kann untergraben werden; Streitereien und Unfälle sind möglich. Frustration kann Gewalttätigkeit hervorrufen. Untersuchen Sie beide Planeten im Geburtshoroskop.

*Mars zu Uranus:* Eine Zeit stark energiegeladener Aktivität. Durchsetzungskraft und Einzelgängertum werden gefördert. Fortschritt kann unerwartet oder als Ergebnis ungewöhnlicher oder erfinderischer Handlungsweise erzielt werden. Reibungen mit Mitmenschen sowie Reizbarkeit können die Folge gefühlsmässiger Anspannung sein. Plötzliche Unfälle können passieren. Beide Planeten im Geburtshoroskop überprüfen.

*Mars zu Neptun:* Eine Zeit verfeinerter Energie. Diese Planetenkombination ist auf subtile Weise vielschichtig. Jede Aktivität kann inspiriert und verfeinert werden, doch die weniger harmonischen Aspekte drohen die Energie zu verzerren und aufzulösen. Verlangen und Leidenschaft können auf widerwärtige Arten geweckt werden und der Einzelne kann für negative und unlautere Einflüsse empfänglich sein. Hingebungsvolle Begeisterung religiöser oder spiritueller Art ist möglich. Betrachten Sie beide Planeten im Geburtshoroskop.

*Mars zu Pluto:* Eine Zeit von Macht und Begehren. Ein entschlossener Kampfgeist wird stimuliert, der viel erreichen kann. Doch Rücksichtslosigkeit uns selbst Grausamkeit sind möglich, wenn der innere explosive Trieb überhand nimmt, und der selbstherrlichen Begierde nicht widerstanden wird. Wenn diese in ihrem Potential gewalttätige Kombination richtig gelenkt wird, können starkes Selbstvertrauen und grosse Führungsqualitäten entwickelt werden. Beide Planeten beherrschen Skorpion, und alles, was mit diesem Zeichen im Geburtshoroskop in Verbindung steht, wird betont werden.

*Mars und Aszendent:* Eine Zeit leicht verfügbarer Energie. Angelegenheiten, die mit Mars, seiner Hausposition und Herrschaft im Geburtshoroskop zusammenhängen, werden hervorgehoben.

*Mars und MC:* Eine Zeit der Aktivität im Beruf und in der äusseren Umgebung. Überprüfen Sie Mars, sein Haus und seine Herrschaft im Geburtshoroskop.

*Mars rückläufig stationär:* Eine Zeit frustrierter Energie und introvertierter Aktivität. Hausplazierung und Herrschafts-Häuser berücksichtigen.

*Mars direktläufig stationär:* Eine Periode konzentrierter und nutzbarer Energie. Hausplazierung und beherrschte Häuser überprüfen.

# Mond — Progressionen und Direktionen

- Schlagen Sie zuerst Kapitel 3, Seite 46 nach.
- Modifizieren Sie Interpretationen mit Bezug auf Zeichen, Haus, Aspekte und Herrschaft im Geburtshoroskop.
- Die Zeitspanne für Aspekte des progressiven Mondes beträgt ungefähr zwei bis drei Monate, und die folgenden Interpretationsbeispiele konzentrieren sich auf Progressionen. Aspekte, die durch Sonnenbogendirektion gebildet werden, welche sich mit der gleichen Geschwindigkeit bewegen wie die Sonne, werden ein bis zwei Jahre lang aktiv sein, und Interpretationskommentare sollten entsprechend angepasst werden.

*Mond zum Mond:* Eine Phase intensivierter Emotionen. Emotionale Veränderungen können auftreten, vielleicht im Zusammenhang mit Frauen oder der Mutter. Angelegenheiten des Radix-Hauses des Mondes oder der Häuser, die im Geburtshoroskop mit dem Zeichen Krebs zusammenhängen, werden wichtig.

*Mond zu Merkur:* Eine Phase geistiger Aktivität und Schwankung. Verschiedene Kommunikationsformen können angeregt und sensibilisiert werden; Ereignisse, bei denen Kommunikation eine Rolle spielt, können ausgelöst werden. Die Angelegenheiten von Merkurs Hausposition oder den von ihm beherrschten Häusern werden betroffen sein.

*Mond zur Venus:* Eine Phase mit Betonung auf emotionalen Beziehungen, künstlerischer Tätigkeit oder Dingen, die mit Venus oder den Häusern, wo sie plaziert ist bzw. herrscht, zu tun haben. Sowohl innere Gefühle als auch äussere Ereignisse können verstärkt ausgelöst werden.

*Mond zu Mars:* Eine Phase feuriger Emotionen und wechselhaften Verhaltens. Ereignisse können ausgelöst werden, die mit Mars oder den Häusern, wo er plaziert ist bzw. herrscht, in Verbindung stehen. Initiative wird angeregt; emotionale Spannung ist möglich.

*Mond zu Jupiter:* Eine Phase emotionaler Wärme und Ausdehnung. Grosszügigkeit wird gefördert, doch die weniger harmonischen Aspekte können ein übermässiges Zur-Schau-Tragen der Gefühle bewirken. Angelegenheiten von Jupiters Hausplazierung oder beherrschten Häusern können in den Vordergrund treten.

*Mond zu Saturn:* Eine Phase ernster oder disziplinierter Emotionen. Zurückhaltendes oder gehemmtes Verhalten ist wahrscheinlich. Die Angelegenheiten der Häuser, wo Saturn plaziert ist bzw. herrscht, werden betont, und entsprechende Ereignisse können ausgelöst werden.

*Mond zu Uranus:* Eine Phase stark aufgeladener Gefühle. Das Verhalten kann sprunghaft und unberechenbar sein, vor allem was Gefühle anbelangt, doch wird eine schöpferische und unabhängige Einstellung vorherrschen. Unerwartete Ereignisse können herbeigeführt werden, besonders solche, die mit Uranus und seinen Häuserverbindungen zusammenhängen.

*Mond zu Neptun:* Eine Phase erhöhter Sensibilität. Phantasie, Mitgefühl und Idealismus werden angeregt, doch emotionale Empfindlichkeit kann zu Enttäuschungen führen. Angelegenheiten, die Neptuns Haus oder seinen Herrschaftsbereich betreffen, können hervorgehoben werden.

*Mond zu Pluto:* Eine Phase starker Gefühle und tiefer Emotionen. Die Intensität dieses Kontakts kann extreme Verhaltensweisen und radikale Veränderungen in Ansichten und Einstellungen zur Folge haben. Es besteht das Verlangen, Motivationen und tiefere Gründe zu verstehen. Plutos Haus oder Herrschafts-Häuser können eine Rolle spielen.

*Mond zum Aszendenten:* Die Konjunktion ist eine wichtige Phase, in der ein neuer persönlicher Zyklus beginnt. Bei allen Aspekten wird die instinktive und emotionale Empfindsamkeit erhöht und kann ein Einstimmen auf das Wesen sich verändernder Möglichkeiten zulassen.

*Mond zum MC:* Die Konjunktion ist der Beginn eines wichtigen neuen beruflichen Zyklus'. Alle Aspekte betonen das Verhältnis zur Aussenwelt und bewirken, dass die Person ihrer Stellung in der Gesellschaft mehr Beachtung schenkt als gewöhnlich.

*Mond durchs 1. Haus:* Wenn der Mond den Aszendenten überschreitet, so wird dadurch der Beginn eines neuen Zyklus' in Bezug auf den individuellen Ausdruck der Persönlichkeit bezeichnet. Während der ganzen Periode wird der Schwerpunkt auf persönlichen Reaktionen auf alle Reize aus der äusseren Umgebung liegen.

*Mond durchs 2. Haus:* Einstellungen gegenüber materiellem Besitz und finanziellen Angelegenheiten werden leicht hervorgehoben. Gefühlsmässige Reaktionen, praktische Werte und Gefühle über den eigenen Selbstwert werden betont und können neu überprüft werden.

*Mond durchs 3. Haus:* Kommunikation und Konversation sind offener und aufgeschlossener. Geistige Wissbegier kann durch Lesen oder den Austausch mit anderen Menschen erregt werden. Es wird jedoch auch überempfindliche Reaktionen geben, die entweder eine besseres Verhältnis oder verletzte Gefühle zur Folge haben.

*Mond durchs 4. Haus:* Ein eher passiver neuer Zyklus beginnt, der den Wunsch nach Stabilität und festen eigenen Wurzeln widerspiegelt. Das Bedürfnis nach Schutz und Sicherheit ist geweckt, und eine Periode der Empfindsamkeit und Introversion ist wahrscheinlich.

*Mond durchs 5. Haus:* Dies ist eine Periode des Selbstvertrauens und der Aufgeschlossenheit für kreatives Potential, die sich aus der vorhergehenden nachdenklichen Vierthausphase aufbaut. Gefühle werden mehr nach aussen hin gezeigt, und sie strahlen Wärme und Grosszügigkeit aus.

*Mond durchs 6. Haus:* Eine Periode mit Betonung auf Arbeit. Es kann der Wunsch bestehen, anderen Menschen praktische Dienste zu erweisen. Persönliche Einstellungen zu Gesundheit, und zwar nicht nur körperlicher, sondern auch emotionaler und spiritueller Art, stehen im Mittelpunkt.

*Mond durchs 7. Haus:* Ein wichtiger neuer Zyklus, dessen Thema enge persönliche Beziehungen sind, beginnt, wenn der Mond den Deszendenten überschreitet. Der Begriff der Partnerschaft und die eigene persönliche Einstellung dazu werden vielleicht neu überprüft. Gesellschaftliche Kontakte können erweitert werden, und in Beziehungen wird man wahrscheinlich ein stärkeres Gefühlsbewusstsein zeigen.

*Mond durchs 8. Haus:* Eine Zeit tiefer Gefühle. Oft erlebt man extreme emotionale Zustände, die zur Revision innerer persönlicher Werte führen können. Die komplexeren Aspekte in Beziehungen mit anderen − Emotionen, Sexualität, Machtspiele und Geld − werden aufgewühlt und scheinen Aufmerksamkeit zu verlangen. Interesse am Okkulten und Mystischen kann erwachen.

*Mond durchs 9. Haus:* Eine viel mehr nach aussen gerichtete und aktive Phase, in der man den Drang verspürt, auf die Suche zu gehen und seinen Horizont zu erweitern. Reisen sind möglich, doch handelt es sich wahrscheinlich eher um eine weniger greifbare Suche — die Suche nach Wissen, oder das Teilen der eigenen Entdeckungen mit anderen, vielleicht durch Vorträge oder durch Schreiben.

*Mond durchs 10. Haus:* Wenn der Mond über den MC wandert, beginnt ein neuer Zyklus, der die Stellung der Person in der weiteren Umgebung betrifft, wahrscheinlich in Gesellschaft und/oder Karriere. Obwohl persönliche Errungenschaften möglich sind, ist es wahrscheinlicher, dass die Betonung auf Einstellungen und Gefühlen der Person gegenüber ihren angestrebten Zielen und ihrer materiellen Situation in der Welt liegt — eher eine Vorbereitung für Erfolg als seine Verwirklichung.

*Mond durchs 11. Haus:* Eine Zeit der Festigung von Lebenszielen und -idealen. Grösseres Einfühlungsvermögen in breiteren humanitären Fragen ist wahrscheinlich, ebenso wie eine feinfühligere Einstellung des Individuums zu seiner Stellung in der Gesellschaft und seinem eigenen darin geleisteten Beitrag. Möglicherweise steht die Beschäftigung mit Freunden und Gruppen im Mittelpunkt.

*Mond durchs 12. Haus:* Eine Zeit des Zurückgezogenseins, in der der Blick nach innen gerichtet ist. Die tiefe innere Empfindsamkeit ist auf zarte und subtile Weise auf sehr persönliche oder sogar mystisch-spirituelle Bedürfnisse eingestimmt. Einsamkeitsgefühle können dadurch entstehen, dass alte Methoden und Stützen losgelassen werden. Es ist eine Zeit tiefer innerer Vorbereitung und des Aufbauens neuer innerer Kräfte, bevor der Mond den Aszendenten erreicht und eine neue Ära beginnt.

# Mars — Transite

— Schlagen Sie zuerst Kapitel 4, Seite 52 nach.
— Überprüfen Sie Mars im Geburtshoroskop hinsichtlich Zeichen, Haus, Aspekten und Herrschaft.
— Die transitiven Marsaspekte (hier nicht im einzelnen aufgeführt) sind nur ein paar Tage lang wirksam und werden lediglich von vorübergehender Bedeutung sein. Es ist jedoch sehr wohl möglich, dass sie als aktivierende Auslöser auf Ereignisse einwirken, die mit anderen Progressionen und Transiten zusammenhängen. Dies trifft besonders dann zu, wenn diese anderen Indikatoren einen aktiven und energiereichen Charakter haben, z. B. wenn Mars vielleicht selbst einer von ihnen ist. Die Stillstände des Mars sollten immer beachtet werden, ganz besonders dann, wenn einer auf einen empfindlichen Punkt des Geburtshoroskops fällt bzw. einen Aspekt dazu bildet. Dieses Phänomen wird eine Wirkungsdauer von bis zu ca. einem Monat haben. Mars verbringt durchschnittlich sechs bis sieben Wochen in einem Haus.

*Mars durchs 1. Haus:* Persönliche Aktivität und Initiative; Impulsivität; Energie und Zielstrebigkeit.

*Mars durchs 2. Haus:* Starke Betonung von Geld- und materiellen Angelegenheiten; Selbstbehauptung auf emotionaler Ebene.

*Mars durchs 3. Haus:* Aktivität in der unmittelbaren Umgebung; Energie ist auf aktive Kommunikation in Wort und Schrift gerichtet.

*Mars durchs 4. Haus:* Aktivität im eigenen Heim; Reibung mit Familienmitgliedern; viel Energie wird auf die Suche nach Sicherheit verwendet.

*Mars durchs 5. Haus:* Betonung auf Vergnügen, schöpferischen Freuden und extravertierter Freizeitgestaltung; Aktivität mit Kindern, vielleicht Spannungen.

*Mars durchs 6. Haus:* Schwerpunkt liegt auf Arbeit, dies sind ein paar betriebsame Wochen; Mögliche Spannungen mit Angestellten oder Arbeitskollegen; auf die Gesundheit muss geachtet werden.

*Mars durchs 7. Haus:* Aktivität in der Ehe und in engen persönlichen Beziehungen; Möglicherweise Streitigkeiten.

*Mars durchs 8. Haus:* Tiefere Emotionen und Sexualität; Aktivität in Verbindungen mit Finanzen und fremden Besitztümern.

*Mars durchs 9. Haus:* Reiselust; Aktivität im Zusammenhang mit höherer Bildung, Philosophie oder Religion; Ruhelosigkeit.

*Mars durchs 10. Haus:* Die gesellschaftliche Stellung steht im Mittelpunkt; im Beruf werden Initiativen ergriffen; Ambitionen werden verstärkt.

*Mars durchs 11. Haus:* Die Energie konzentriert sich auf unpersönliche Kontakte, Gruppen und Gesellschaften; Aktivität mit Freunden, mögliche Spannungen.

*Mars durchs 12. Haus:* Aktivität hinter den Kulissen; mögliche Frustrationen und Ungeduld; Energie wird gespeichert und aufgebaut.


# Jupiter — Transite + Direktionen

- Schlagen Sie zuerst Kapitel 4, Seite 53 nach.
- Modifizieren Sie Interpretationen je nach Zeichen, Haus, Aspekten und Herrschaft im Geburtshoroskop.
- Die ungefähre Zeitspanne ist zwei bis drei Wochen, es sei denn es kommt ein Stillstand hinzu. Die Dauer eines Transits durch ein Haus beträgt ungefähr ein Jahr. Die Interpretationen können für Direktionen verwendet werden, wenn die Zeitspanne verlängert wird.

*Jupiter zur Sonne:* Extraversion wird gefördert und Gelegenheiten können auftauchen. Eine erfreuliche Zeit, doch die weniger harmonischen Aspekte können zur Zügellosigkeit verleiten. Reisen sind möglich, und idealistische philosophische Einstellungen können spürbar werden. Radix-Plazierungen und beherrschte Häuser überprüfen.

*Jupiter zum Mond:* Eine Zeit erweiterter und offen gezeigter Emotionen — Wärme und Glück, doch ein Hang zur Überschwenglichkeit. Familienangelegenheiten können Freude bereiten. Geburtshoroskop beachten.

*Jupiter zu Merkur:* Eine Zeit, in der viel geredet wird und Ideen begeistert vorgestellt werden. Über-Optimismus, Übertreibung oder mangelnde geistige Disziplin können Schwierigkeiten oder Erschöpfung verursachen. Philosophische Einstellungen werden wichtig. Geburtshoroskop berücksichtigen.

*Jupiter zu Venus:* Eine Zeit des Glücks und der natürlichen Ungezwungenheit, mit der Möglichkeit eines Glücksfalles, doch einfaches vergnügliches Geniessen ist mehr wahrscheinlich. Romantische Begegnungen sind begünstigt. Radix-Plazierungen und -Herrschaftsbereiche sind zu überprüfen.

*Jupiter zu Mars:* Eine Zeit erhöhter Energie und Begeisterung, aber Unmässigkeit und völlige Verausgabung sind eine Gefahr. Aktivität wird angeregt und Reiselust kann aufkommen. Geburtshoroskop überprüfen.

*Jupiter zu Jupiter:* Gelegenheiten werden geboten, im Zusammenhang mit Jupiters Plazierungen und seiner Herrschaft im Geburtshoroskop. Ein Neuanfang ist möglich. Optimismus ist wahrscheinlich vorhanden, doch mag Disziplin notwendig sein, um aus diesem Kontakt Nutzen zu schlagen.

*Jupiter zu Saturn:* Eine Zeit, die Gelegenheit für harte Arbeit und Festigung bietet, aber frustrierend sein kann. Weisheit und Urteilsvermögen können wachsen, doch verpasste Gelegenheiten sind gleichermassen möglich. Hausplazierungen und beherrschte Häuser im Geburtshoroskop überprüfen.

*Jupiter zu Uranus:* Eine Zeit unerwarteter Gelegenheiten und möglicher Glücksfälle. Impulsivität oder übertriebenes Verhalten werden stimuliert. Radix-Plazierungen überprüfen.

*Jupiter zu Neptun:* Eine Zeit des Idealismus und Altruismus. Religiöser Instinkt kann erwachen, und die Intuition wird erhöht; eine selbstlose Haltung wird vertreten. Das Urteilsvermögen kann beeinträchtigt sein. Überprüfen Sie Hauspositionen und beherrschte Häuser, vor allem unter Einbeziehung der Frage nach der Stärke der Fische im Geburtshoroskop.

*Jupiter zu Pluto:* Eine Zeit voll kraftvollem Enthusiasmus. Finanzielle Angelegenheiten und Investitionen können erfolgreich sein, doch Glücksspiele sind nicht ratsam. Erhöhte Selbstsicherheit und Popularität sind möglich. Geburtshoroskop berücksichtigen.

*Jupiter zum Aszendenten:* Ein neuer Zyklus persönlicher Möglichkeiten kann beginnen und Reisen sind möglich. Eine optimistische und glückliche Periode. Untersuchen Sie Jupiters Hausplazierung und Herrschaft im Geburtshoroskop.

*Jupiter zum MC:* Ein neuer Zyklus kann beginnen, der Möglichkeiten in Beruf oder gesellschaftlicher Stellung bietet. Eine heitere, schwungvolle Einstellung zu Leistung und Erfolg. Prüfen Sie Jupiters Hausplazierung und Herrschaft im Geburtshoroskop.

*Jupiter durchs 1. Haus:* Eine Zeit für persönliche Möglichkeiten und Enthusiasmus.

*Jupiter durchs 2. Haus:* Eine Zeit, die finanziellen Schwung und materiellen Gewinn bringen kann, doch übermässige Verschwendung stellt eine Gefahr dar.

*Jupiter durchs 3. Haus:* Eine Zeit fruchtbarer Kommunikation, die für Schriftsteller, Lehrer, Vortragende, Universitätsdozenten und Geschäftsleute günstig sein könnte, doch ist undiszipliniertes leeres Geschwätz ebenso möglich.

*Jupiter durchs 4. Haus:* Eine Zeit der Freude in Heim und Familie. Ein neuer Zyklus des häuslichen Lebens kann beginnen, wie z. B. ein befriedigender Wohnortwechsel oder ein neues Gefühl der Sicherheit.

*Jupiter durchs 5. Haus:* Eine Zeit vergnüglicher Unterhaltung und vielleicht Romantik, oder Freude mit Kindern. Vermehrte kreative Tätigkeit, doch sollten leichtsinnige Spekulationen vermieden werden.

*Jupiter durchs 6. Haus:* Eine Zeit, in der die Arbeit Freude macht und es Befriedigung bringt, anderen nützlich zu sein. Beliebtheit am Arbeitsplatz ist möglich.

*Jupiter durchs 7. Haus:* Eine Zeit der Ausdehnung und des Optimismus in engen persönlichen Beziehungen. Neuanfänge können entweder Heirat oder Scheidung bedeuten.

*Jupiter durchs 8. Haus:* Eine Zeit tieferer Offenheit. In der Beziehung erlebt man eine ernsthaftere Freude, und das Sexualleben kann erfüllend sein. Finanzielle Vorteile durch andere sind möglich.

*Jupiter durchs 9. Haus:* Eine Zeit der Erweiterung des Horizonts. Die Begeisterung fürs Reisen kann gesteigert werden, und neue Wissensgebiete, Philosophien und Ideen werden vielleicht erforscht.

*Jupiter durchs 10. Haus:* Eine Zeit der Begeisterung für berufliche Ambitionen. Ein erfolgreicher neuer weltlicher Zyklus könnte beginnen, und es werden sich möglicherweise Gelegenheiten für eine bessere Stellung in der Gesellschaft ergeben.

*Jupiter durchs 11. Haus:* Eine Zeit für Freundschaft und breitere gesellschaftliche Kontakte. Neue Ideale können stimuliert werden, ebenso wie Freude bei Gruppenaktivitäten.

*Jupiter durchs 12. Haus:* Eine Zeit zufriedener Introversion. Die Person geniesst es, sich der inneren Betrachtung hinzugeben und sich selbst seelisch zu nähren, und sie kann mit Leichtigkeit das loslassen, woraus sie hinausgewachsen ist und was ihr nicht mehr nützlich ist. Grosszügigkeit und Selbstlosigkeit sind betont.


# Saturn – Transite

– Schlagen Sie zuerst Kapitel 4, Seite 55 nach.
– Modifizieren Sie Interpretationen im Hinblick auf Zeichen, Haus, Aspekte und Herrschaft im Geburtshoroskop.

— Die ungefähre Zeitspanne ist drei bis vier Monate, es sei denn ein Stillstand kommt hinzu. Ein Transit durch ein Haus dauert durchschnittlich ca. 2½ Jahre.

— Die Interpretationen können für Direktionen verwendet werden, wenn die Zeitspanne verlängert wird.

*Saturn zur Sonne:* Eine Zeit persönlicher Disziplin. Die harmonischeren Aspekte können konstruktive harte Arbeit und positive zusätzliche Verantwortung mit sich bringen, aber andere Aspekte beinhalten härtere Lektionen. Einschränkung ist möglich durch die Angelegenheiten der im Geburtshoroskop mit Saturn verbundenen Häuser. Eine ernste Lebenseinstellung oder Depression können auf die Notwendigkeit hinweisen, persönliche Ziele neu zu definieren.

*Saturn zum Mond:* Eine Zeit ernster Gefühle. Emotionen können sich stabilisieren, doch Schüchternheit und sogar Depression können sich als Folge von Gehemmtheit ergeben. Krankheit oder Schwierigkeiten in Verbindung mit dem Heim oder mit Frauen sind möglich. Die unerwünschten Auswirkungen alter Verhaltensmuster können zum Vorschein kommen. Hausplazierungen und Herrschaft im Geburtshoroskop beachten.

*Saturn zu Merkur:* Eine Zeit geistiger Disziplin. Studium und andere intellektuelle Arbeit können unter diesem Kontakt erfolgreich durchgeführt werden, wobei die Tätigkeit allerdings mühsam sein kann. Die Konzentration ist erhöht; äusserliche Konversation hingegen wird wahrscheinlich gehemmt sein. Hausplazierungen und beherrschte Häuser im Geburtshoroskop überprüfen.

*Saturn zu Venus:* Eine Zeit der Festigung oder Einschränkung in Beziehungen. Eine ernstere Einstellung zu Partnerschaft kann sich aufgrund einer zeitweiligen Trennung, zusätzlicher Verantwortung oder der Notwendigkeit, die Beziehung neu zu definieren, ergeben. Mangelndes Selbstvertrauen und Hemmungen sind möglich in Angelegenheiten, die Venus, ihre Hausplazierung oder die von ihr beherrschten Häuser betreffen.

*Saturn zu Mars:* Eine Zeit kontrollierter Energie. Die weicheren Aspekte mögen Festigung und praktische Entschlossenheit zulassen, doch die meisten Kontakte frustrieren und untergraben. Dies kann Gefühle der Machtlosigkeit hervorrufen oder sich in schroffem Verhalten und übermässigem Durchsetzungsdrang niederschlagen. Unfälle sind möglich. Überprüfen Sie Mars und seine Hausplazierung und -herrschaft im Geburtshoroskop.

*Saturn zu Jupiter:* Eine Zeit der Disziplin und Geduld. Harte Arbeit kann zu gegebener Zeit belohnt werden, sowohl materiell als auch durch Weisheit und Reife, doch können Verzögerungen und Frustrationen auftreten. Radix-Plazierungen überprüfen.

*Saturn zu Saturn:* Eine Zeit der Prüfung. Wenn Bewusstsein und Geduld geübt werden, kann Weisheit erlangt werden, denn dies ist die Zeit, in der die von Saturn im Geburtshoroskop gestellten Aufgaben bewältigt und seine Lektionen gelernt werden können. Überprüfen Sie noch einmal Saturns Position nach Zeichen, Haus, Aspekt und Herrschaft. (Siehe Kapitel 2, Seite 22.)

*Saturn zu Uranus:* Eine Zeit, in der fortschrittliche Einstellungen gefestigt werden. Die Stabilisierung ungewöhnlicher und erfinderischer Ideen und Verhaltensweisen kann sehr positive Ergebnisse bringen. Die planetarischen Energien sind jedoch widersprüchlich, und Stress, Starrköpfigkeit, sowie rebellisches und gebieterisches Auftreten können Probleme erzeugen. Angelegenheiten der mit Wassermann verbundenen Häuser werden wahrscheinlich betont.

*Saturn zu Neptun:* Eine Zeit, in der praktischer Idealismus und spirituelles Verantwortungsbewusstsein herrschen. Die widersprüchliche Natur der Planeten bringt oft negative Ergebnisse hervor; übermässige Kontrolle der Intuition oder Empfänglichkeit für Täuschungen und Gaunereien können leicht grobe Fehlurteile zur Folge haben. Geburtshoroskop überprüfen.

*Saturn zu Pluto:* Eine Zeit harter Entschlossenheit. Angestrebte Ziele können verwirklicht werden, was jedoch vielleicht mit kalter Skrupellosigkeit erreicht wird. Not und Härte können aus selbstsüchtigem und mitleidlosem Verhalten gegenüber anderen entstehen. Geburtshoroskop prüfen.

*Saturn zum Aszendenten:* Eine Zeit persönlichen Fleisses. Die Konjunktion repräsentiert den Beginn eines wichtigen neuen Zyklus'. Alle Aspekte fordern harte Arbeit und Disziplin.

*Saturn zum MC:* Eine Zeit fleissiger äusserlicher Betätigung. Beruflicher Fortschritt kann gefestigt werden, wobei jedoch wahrscheinlich harte Arbeit und zusätzliche Verantwortung verlangt werden.

*Saturn durchs 1. Haus:* Eine Zeit, in der Grundlagen geschaffen werden. Saturn über dem Aszendenten bedeutet einen neuen Anfang, doch die Verwirklichung dieses Anfangs erfordert zunächst einmal, dass man sich auf einer ganz praktischen Ebene den grundlegendsten ersten Schritten des neuen Unternehmens zuwendet. Es mag eine strenge Zeit sein, doch alle gemachten Anstrengungen werden später entsprechend belohnt.

*Saturn durchs 2. Haus:* Eine Zeit materieller Strukturen. Einstellungen zu Geld und Besitz werden neu definiert, möglicherweise als Folge finanzieller Not. Man lernt aus materiellen Angelegenheiten.

*Saturn durchs 3. Haus:* Eine Zeit geistiger Disziplin. Studien- und Schreibarbeit ist wahrscheinlich. Ein ernsthafter Ansatz in allen geistigen und kommunikativen Tätigkeiten kann helfen, das Vertrauen in intellektuelle Fähigkeiten zu heben, doch wird dies wahrscheinlich nicht ohne viele Zweifel und Gewissensnöte erreicht werden.

*Saturn durchs 4. Haus:* Eine Zeit, in der man sich ernsthaft auf Fundamente und Grundlagen konzentriert. Verantwortung in Heim und Familie stellt wahrscheinlich hohe Ansprüche. Mit Beginn eines neuen Vierthauszyklus können ernsthafte Erwägungen angestellt oder Einstellungen revidiert werden in Bezug auf die eigene persönliche Grundbasis und Sicherheit.

*Saturn durchs 5. Haus:* Eine Zeit entschlossenen Selbstausdrucks. Die Tatsache, dass Spasshaben und Scherz durch eine so ernsthafte Brille betrachtet werden, kann zur Folge haben, dass schöpferische Energie mit grosser Disziplin angewandt wird. Die Person mag sich unsicher fühlen und sich als nicht liebenswert betrachten und deshalb Ansprüche an andere stellen. Zusätzliche Verantwortung in Verbindung mit Kindern ist möglich.

*Saturn durchs 6. Haus:* Eine Zeit, in der die Aufmerksamkeit auf Arbeit gerichtet ist. Disziplin beim Ausführen jeglicher Arbeit kann grössere Leistungsfähigkeit zur Folge haben, doch wenn man sich zu viel auflädt und sich überarbeitet, kann dies zu gesundheitlichen Problemen führen. Man muss lernen, zu unterscheiden.

*Saturn durchs 7. Haus:* Eine Zeit der Verantwortung in Partnerschaften. Lektionen, die durch enge Beziehungen mit anderen gelernt werden müssen. Dies kann z. B. Verantwortungen oder Schwierigkeiten in der Ehe bedeuten — oder eine Verfestigung oder Revision der Einstellung gegenüber Ehepartner oder Freund(in).

*Saturn durchs 8. Haus:* Eine Zeit innerer Prüfungen. Eine ernste und disziplinierte Haltung gegenüber den tieferen Schichten der Beziehungen zu anderen wird eingenommen, und nach einigen Schwierigkeiten kann eine Transformation erfolgen. Der äussere Ausdruck von Emotionen kann gehemmt und das Selbstvertrauen im sexuellen Bereich geschmälert sein. Im finanziellen Bereich lernt man durch Erfahrung hinzu. Kontakt mit der Welt des Okkulten ist möglich. Neue Einsichten werden gewonnen durch Erfahrungen mit dem positiven Umgang mit Macht einerseits und ihrem Missbrauch andererseits.

*Saturn durchs 9. Haus:* Eine Zeit, in der Wissen gefestigt und an Selbstvervollkommnung gearbeitet wird. Eventuell wird eine offizielle Form der Weiterbildung aufgenommen, oder es wird mit einem disziplinierten individuellen Studienprogramm in Eigenregie begonnen. Eine ernsthafte Auseinandersetzung mit grundlegenden Lebensanschauungen ist wahrscheinlich, wobei diese neu definiert werden können. Harte Arbeit kann mit Reisen verbunden werden.

*Saturn durchs 10. Haus:* Eine Zeit, die angestrebte Lebensziele in den Mittelpunkt stellt. Der Beginn einer neuen beruflichen Phase ist wahrscheinlich, häufig verbunden mit Frustrationen und vermehrter Verantwortung. Manchmal gibt es Erfolg und Anerkennung, doch meistens entsteht das Bedürfnis, die eigene Stellung in der Gesellschaft und der weiteren Umgebung neu abzuschätzen und zu definieren.

*Saturn durchs 11. Haus:* Eine Zeit, in der Pflichten innerhalb der Gemeinschaft definiert werden. Während die Transit durch das zehnte Haus sich hauptsächlich mit dem persönlichen Vorwärtskommen des Individuums beschäftigte, bestimmt nun dieses Haus diejenigen Verantwortungen, die über den persönlichen Bereich hinausgehen. Aus einem breiteren Blickwinkel wird Sinn und Zweck des Lebens innerhalb der Menschheit als Ganzes betrachtet. Altruismus und soziales Bewusstsein können gefördert werden.

*Saturn durchs 12. Haus:* Eine Zeit innerer Rückschau und Selbstanalyse. Es ist eine einsame Periode kritischer innerer Selbstbetrachtung, in der man lernen muss, alte Strukturen und überholte Verhaltensweisen loszulassen, um sich so auf die neue Aufbauperiode vorzubereiten, die bevorsteht, wenn Saturn den Aszendenten erreicht. Die Auflösung alter Werte kann verwirrend sein, doch die Fähigkeit, tief ins eigene Innerste zu schauen, macht es möglich, dass neue Samen gepflanzt werden und aufgehen können.

## Uranus — Transite

— Schlagen Sie zuerst Kapitel 4, Seite 58 nach.
— Modifizieren Sie Interpretationen im Hinblick auf Zeichen, Haus, Aspekte und Herrschaft im Geburtshoroskop.
— Die ungefähre Zeitspanne beträgt ein bis zwei Monate, es sei denn ein Stillstand ist miteinbezogen.
— Die Interpretationen können für Direktionen abgewandelt werden, indem die Zeitspanne verlängert wird.

*Uranus zur Sonne:* Eine Zeit unerwarteter Veränderung. Originelle, fortschrittliche oder rebellische Gefühle können erwachen, und möglicherweise geschehen Veränderungen aufgrund neuer persönlicher Kontakte. Das Ergebnis ist oft positiv, doch kann unberechenbares und wunderliches Benehmen Unterbrechungen und Störungen höchst unkonstruktiver Art verursachen. Beachten Sie Uranus' Hausplazierung und Herrschaft im Geburtshoroskop.

*Uranus zum Mond:* Eine Zeit stark aufgeladener Emotionen. Veränderungen in Zusammenhang mit den Häusern, wo der Mond plaziert ist bzw. herrscht, sind möglich, und Gefühle und Reaktionen können unberechenbar sein. Unter den harmonischeren Aspekten sind intuitive Originalität und Experimentierfreude wahrscheinlich, wohingegen die anderen Aspekte möglicherweise unruhe- und aufruhrstiftende Veränderungen und emotionale Spannung mit sich bringen.

*Uranus zu Merkur:* Eine Zeit geistiger Originalität und Erfindungsgabe. Wie aus heiterem Himmel können plötzliche Geistesblitze und brilliante Ideen kommen, doch geistige Unruhe und Überspanntheit können Schwierigkeiten verursachen. Veränderungen in Angelegenheiten der Hausplazierungen und Herrscherhäuser der beiden Planeten können auftreten.

*Uranus zu Venus:* Eine Zeit, in der Gefühle in Beziehungen verstärkt und die nach Harmonie strebenden Instinkte betont sind. In Partnerschaft und künstlerischen Dingen besteht das Bedürfnis, originell zu sein und vielleicht zu experimentieren. Unter den weniger harmonischen Aspekten ist es möglich, dass Beziehungen zerbrechen. Hausplazierungen und Herrschaftshäuser im Geburtshoroskop überprüfen.

*Uranus zu Mars:* Eine Zeit ruheloser Energie, in der jedoch einige Durchsetzungskraft liegt. Das Bedürfnis nach Unabhängigkeit kann sich in rebellischen

Widerstand verwandeln, doch grosse Anziehungskraft aufgrund von Einfallsreichtum kann viel erreichen. Aufruhr und Veränderung in Verbindung mit den relevanten Häusern und Herrschaftsbereichen können Schwierigkeiten hervorrufen. Unfälle sind möglich.

*Uranus zu Jupiter:* Eine Zeit, in der Originalität und offene Möglichkeiten betont werden. Unerwartete neue Ideen, oft im Zusammenhang mit tiefgründigeren Themen, sind möglich. Nervös gespannte Über-Begeisterung und leichtsinniges Verhalten können zu Pannen führen. Die Angelegenheiten der entsprechenden Hausplazierungen und Herrschaftshäuser sind von Bedeutung.

*Uranus zu Saturn:* Eine Zeit, in der Strukturen verändert werden. Dies kann anstrengend sein, wenn die bestehende Ordnung sich gegen Veränderung auflehnt; eine konstruktive Einstellung und ein erfinderischer praktischer Ansatz sind allerdings genauso gut möglich. Eigensinn und Trotz können zu Schwierigkeiten führen. Hausplazierungen im Geburtshoroskop beachten.

*Uranus zu Uranus\*:* Eine Zeit, in der Werte neu bestimmt werden und Veränderung ins Haus steht. Unter allen Aspekten bestehen positive Durchbruchsmöglichkeiten, aber auch Stress und Anspannung sind möglich — besonders, wenn man sich dem Wandel widersetzt. (Siehe Kapitel 2, Seite 26.)

*Uranus zu Neptun\*:* Eine Zeit der Inspiration und Erleuchtung. Eine höhere Bewusstseinsebene kann erreicht werden, doch es besteht auch die Möglichkeit sonderbarer Zwangsvorstellungen und geistiger Labilität. Geburtshäuser und -herrschaft berücksichtigen.

*Uranus zu Pluto\*:* Eine Zeit inneren Erwachens. Die Person kann einen mächtigen Drang nach Reform und eine starke innere Berufung verspüren, aber von zerstörerischen Tendenzen her (inneren sowie äusseren) drohen Gefahren, und explosive Krisen können die Folge sein. Überprüfen Sie die Hausplazierungen im Geburtshoroskop.

*Uranus zum Aszendenten:* Eine Zeit der persönlichen Veränderung. Dies kann ein unerwarteter Umbruch sein, doch im Allgemeinen ist es ein notwendiges Abwerfen alter ausgedienter Methoden und überholter Lebensumstände. Uranus' Hausplazierung und beherrschtes Haus werden die von Veränderungen betroffenen Bereiche anzeigen.

*Uranus zum MC:* Eine Zeit äusserer Veränderung. Wahrscheinlich ist die Stellung in Gesellschaft oder Beruf betroffen, doch auch der gegenüberliegende Eckpunkt ist angesprochen, und das häusliche Leben kann Störungen unterworfen werden oder sich mehr entfalten. Überprüfen Sie Uranus' Radix-Position.

# Neptun — Transite

— Schlagen Sie zuerst Kapitel 4, Seite 61 nach.

- Modifizieren Sie Interpretationen im Hinblick auf Zeichen, Haus, Aspekte und Herrschaft im Geburtshoroskop.
- Die ungefähre Zeitspanne beträgt zwei bis drei Monate, es sei denn eine stationäre Phase kommt hinzu.
- Die Interpretationen können für Direktionen abgewandelt werden, indem die Zeitspanne verlängert wird.

*Neptun zur Sonne:* Eine Zeit erhöhter Empfindsamkeit für nicht greifbare Energien. Spirituelle Sensibilität und höhere Ziele können intuitive Betätigungen unterstützen. Die weniger harmonischen Aspekte bringen Verwirrung, Beeinflussbarkeit, schlechtes Urteilsvermögen und Flucht vor der Realität mit sich. Plazierungen im Geburtshoroskop beachten.

*Neptun zum Mond:* Eine Zeit fein eingestimmter emotionaler Empfindsamkeit. Mitgefühl und Anteilnahme sind erhöht. Man neigt zu Illusionen. Verträumtheit und emotionale Enttäuschungen können die Folge sein. Übersinnliche Fähigkeiten können stimuliert werden. Beide Planeten im Geburtshoroskop überprüfen.

*Neptun zu Merkur:* Eine Zeit von erhöhtem Einfallsreichtum und Phantasie. Die geistige Sensibilität wird gefördert, was Eingebung und möglicherweise übersinnliche Erfahrungen mit sich bringen kann. Wenn der Verstand mit zu vielen Hirngespinsten angefüllt ist, kann dies zu konfusem Denken, Selbsttäuschung oder Täuschung durch andere führen. Die Angelegenheiten von Merkurs Radix-Haus und den von ihm beherrschten Häusern können betroffen sein.

*Neptun zu Venus:* Eine Zeit erhöhter Sensibilität für alle Formen von Harmonie. Künstlerische Fähigkeiten, besonders im musikalischen Bereich, können gesteigert werden, und es kann sich eine beinahe spirituelle Einstellung zu Beziehungen entwickeln. Übertriebene Romantik und Idealismus kann zu Enttäuschungen, Schwierigkeiten oder sogar zum Skandal führen. Radix-Plazierungen berücksichtigen.

*Neptun zu Mars:* Eine Zeit subtil beeinflusster Energien. Aktivitäten können durch irgendein Ideal inspiriert sein, doch wahrscheinlich treten Beeinträchtigungen auf in Form von Betrug, Unbesonnenheit oder einer Unwilligkeit oder Unfähigkeit, unter gegebenen Umständen die nötigen Anstrengungen zu unternehmen. Beachten Sie Mars' Hausplazierung und Herrschaftshäuser.

*Neptun zu Jupiter:* Eine Zeit der hohen Ideale und der Grosszügigkeit. Es besteht verstärktes Interesse an spirituellen Dingen und eine optimistische Einstellung zur Zukunft. Angelegenheiten, die zum Zeichen Fische im Geburtshoroskop in Verbindung stehen, werden in den Vordergrund treten. Schlechtes Urteilsvermögen und unrealistische Ideale können Probleme verursachen.

*Neptun zu Saturn:* Eine Zeit von inspiriertem Realismus. Ideale und religiöse Ansichten können in konstruktiver Weise verwertet werden; Inspiration und Vorstellungsvermögen können praktisch genutzt werden. Unter den weniger harmonischen Aspekten kann es Frustration, Leiden, Unsicherheit und unvorsichtiges Handeln geben. Hausplazierungen und Herrschaftsbereiche im Geburtshoroskop sind zu überprüfen.

*Neptun zu Uranus\*:* Eine Zeit gesteigerten Weitblicks. Grösserer Phantasie- und Erfindungsreichtum kann auf eine neue Ebene der Inspiration gehoben werden. Es besteht die Gefahr, sich in Illusion und Unwirklichkeit zu verlieren. Untersuchen Sie Hausplazierungen und beherrschte Häuser im Geburtshoroskop.

*Neptun zu Neptun\*:* Eine Zeit, in der man mit dem Phänomen des Nicht-Greifbaren in Berührung kommt. Dies kann inspirieren und spirituelle Empfindsamkeit wecken, doch kann es auch zu Illusion, Täuschung und geistigem «Nebel» führen. Überprüfen Sie Neptuns Radix-Haus und -Herrschaft.

*Neptun zu Pluto\*:* Eine Zeit der Inspiration und Transformation. Es kann ein ungewöhnlicher Abstieg in die Tiefen der Psyche oder ein Überschreiten psychischer Grenzen stattfinden. Diese Extreme können jedoch auch dazu führen, dass die Person völlig störrisch und unlenkbar wird oder in einen Zustand völliger Entartung absinkt. Überprüfen Sie die Radix-Plazierungen.

*Neptun zum Aszendenten:* Eine Zeit erhöhter persönlicher Sensibilität. Diese kann das Gefühl hervorrufen, keinen Kontakt mehr zur Wirklichkeit zu haben, was entweder positiven Idealismus, Spiritualität und musikalische oder künstlerische Inspiration zur Folge hat, oder aber Verwirrung, Tagträumerei, Versagen und Flucht vor der Realität. Radix-Haus und -Herrschaft sind zu untersuchen.

*Neptun zum MC:* Eine Zeit weltlicher Inspiration. Altruistische Ideale können gestärkt werden. Vorteilhafte oder nachteilige Auswirkungen auf das öffentliche Image sind möglich. Versteckter Betrug oder Manipulation können in Beruf oder gesellschaftlicher Position vorkommen. Beachten Sie Hausplazierung und Herrschaft im Geburtshoroskop.

# Pluto — Transite

- Schlagen Sie zuerst Kapitel 4, Seite 63 nach.
- Modifizieren Sie Interpretationen unter Berücksichtigung von Zeichen, Haus, Aspekten und Herrschaftshäusern im Geburtshoroskop.
- Die ungefähre Zeitspanne beträgt zwei bis vier Monate, wenn kein Stillstand beteiligt ist.
- Interpretationen können für Direktionen abgewandelt werden, indem man die Zeitspanne verlängert.

*Pluto zur Sonne:* Eine Zeit, in der symbolisch Tod und Wiedergeburt erlebt werden. Einem inneren Machtkampf folgt ein tiefer Wandel, mit dem nicht leicht umzugehen ist, es sei denn die Notwendigkeit einer Transformation wird akzeptiert. Der Kontakt mit kollektiven Energien kann das Verlangen nach äusserer Macht erwecken. Überprüfen Sie Hausplazierungen und Herrschaftshäuser im Geburtshoroskop.

*Pluto zum Mond:* Eine Zeit emotionaler Intensität. Gefühle erhalten grosse Tiefe und Macht, können jedoch einseitig erscheinen. Explosive Reaktionen sind möglich. Angelegenheiten der mit Mond und Pluto verbundenen Häuser sind wahrscheinlich betroffen.

*Pluto zu Merkur:* Eine Zeit des Forschens und inneren Suchens. Ein Verlangen, Bedeutungen und Begründungen zu enthüllen und Forschung zu betreiben, wird verspürt. Geistige Einstellungen können umgewandelt werden — ein psychologisches Arbeiten der Person an sich selbst kann ermöglichen, dass dies in konstruktiver Weise geschieht, doch können psychische Störungen und Zwangsvorstellungen eintreten. Beachten Sie die Radix-Plazierungen.

*Pluto zu Venus:* Eine Zeit tiefer Veränderungen der harmoniebezogenen Instinkte. Das Bedürfnis der Person nach Beziehung sowie ihre eigene aktive Beteiligung daran werden zu einem sich mächtig und zwingend aufdrängenden Thema. Unter den weniger harmonischen Aspekten kann es Umwälzungen oder Trennung geben. Geburtshoroskop überprüfen.

*Pluto zu Mars:* Eine Zeit mächtiger Wünsche. Ehrgeiz und Tatkraft werden stimuliert und der Energiepegel erhöht, doch können auch Schroffheit und Rücksichtslosigkeit herrschen. Niedrige Wünsche und mangelnde Sensibilität können zu unüberlegtem Handeln führen, das in Schwierigkeiten endet. Überprüfen Sie Hausplazierungen und Herrschaftshäuser im Geburtshoroskop, und beachten Sie besonders Angelegenheiten, die mit Skorpion in Verbindung stehen.*Pluto zu Jupiter:* Eine Zeit des Einfallsreichtums und Enthusiasmus. Es herrscht das Gefühl, die Wahrheit suchen und den Dingen ganz auf den Grund gehen zu wollen; man fühlt sich zuversichtlich. Probleme können durch impulsives Verhalten und möglicherweise Fanatismus entstehen. Die Angelegenheiten der Häuser, wo beide Planeten plaziert sind bzw. herrschen, werden wahrscheinlich betroffen sein.

*Pluto zu Saturn:* Eine Zeit kraftvoller Beharrlichkeit und Ausdauer. Der Schwerpunkt liegt auf Zielen und Ambitionen, auf die mit strenger Selbstverleugnung oder harter Selbstsüchtigkeit hingearbeitet wird. Entbehrung und Härte kann jedoch auch von aussen her auferlegt werden. Hausplazierungen und beherrschte Häuser im Geburtshoroskop überprüfen.

*Pluto zu Uranus\*:* Eine Zeit tiefgehender Veränderungen. Diese mögen nach aussen hin nicht sichtbar sein, können sich aber als der Wunsch nach Unabhängigkeit und dem Schaffen neuer Lebensumstände manifestieren. Verschiedene Krisen können auftreten. Hausplazierungen und Herrschaftshäuser im Geburtshoroskop müssen berücksichtigt werden.

*Pluto zu Neptun\*:* Eine Zeit der Transzendenz. Ideale werden vertieft und die Person erhält die Gelegenheit, ihre Spiritualität zu festigen; diese Energie kann jedoch auch verzerrt werden, und Fanatismus und spirituelle Verwirrung können zu Problemen führen. Radix-Plazierungen beachten.

102

*Pluto zu Pluto\**: Eine Zeit, deren Schwerpunkt auf innerer Veränderung liegt. Plutos Bedeutung im Geburtshoroskop sowie die Angelegenheiten der Häuser, wo er plaziert ist bzw. herrscht, werden hervorgehoben.

*Pluto zum Aszendenten:* Eine Zeit der persönlichen Transformation. Es besteht die Wahrscheinlichkeit, dass tiefe und bedeutsame Veränderungen stattfinden und neue innere Quellen und Reichtümer entdeckt werden. Dies geschieht oft erst, nachdem eine unangenehme Periode durchgestanden ist. Angelegenheiten in Verbindung mit Plutos Hausplazierung oder Herrscherhaus können betroffen sein.

*Pluto zum MC:* Eine Zeit äusserlicher Transformation. Eine radikale Veränderung der Stellung in der Welt ist angezeigt, wahrscheinlich in Bezug auf Karriere, vielleicht auch hinsichtlich des häuslichen Lebens. Das Bedürfnis nach Anerkennung kann dabei eine Rolle spielen. Die Angelegenheiten der Häuser, wo Pluto plaziert ist bzw. herrscht, können angesprochen sein.

## * Anmerkung zu den Transiten der äusseren Planeten

Die Transite der drei äusseren Planeten zu ihren Radix-Positionen haben sehr häufig eine Auswirkung von nicht-persönlicher Art. Da so viele Individuen beim Stand dieser Planeten innerhalb eines gewissen Bereichs geboren wurden, werden diese langsamen Transite eine grosse Anzahl von Menschen gleichzeitig betreffen. Dies bedeutet nicht, dass sie für den Einzelnen ohne Wirkung bleiben, doch werden manche Leute die Transite stärker wahrnehmen als andere. Es hängt von der jeweiligen Bewusstseinsebene und dem Entwicklungsstand des Einzelnen ab. Wo einer der äusseren Planeten im Geburtshoroskop betont ist (d. h. an einer Achse steht, stark aspektiert ist oder der Herrscher des Horoskops ist), wird der entsprechende Transit allerdings stärker empfunden werden.

# 7. Solar- und Lunarhoroskop

Im Englischen ist die Redewendung «Many happy returns» (wörtlich übersetzt: Viele glückliche Wiederkehren) so gebräuchlich, dass man kaum an ihre tatsächliche Bedeutung denkt, wenn man jemandem damit sagt: «Herzlichen Glückwunsch zum Geburtstag — und mögest Du noch viele weitere erleben.» Doch sicherlich spiegelt sich in dieser Redewendung das Konzept der Sonnenwiederkehr wider, denn diese ist der Zeitpunkt, an dem die Sonne genau den Grad des Tierkreises erreicht, den sie bei der Geburt innehatte. Das geschieht einmal im Jahr um die Zeit des Geburtstages herum, aber nicht unbedingt genau am Tage selbst. Das Horoskop, das erstellt wird, zeigt die Planetenpositionen, den Aszendenten und die Häuser für diesen Zeitpunkt und wird als Solarhoroskop bezeichnet. Es deutet den Charakter und das Verlaufsmuster der folgenden Zwölfmonatsperiode an. Aszendent und herrschender Planet sind von besonderer Bedeutung, und stark betonte Häuser weisen auf eine Konzentration von Aktivitäten und Ereignissen hin. Das Solarhoroskop muss jedoch immer in Verbindung mit dem Geburtshoroskop gelesen werden — in der Tat kann man es als Schnappschuss der Transitpositionen für den wahren Geburtstag in jedem Jahr betrachten. Querverbindungen zwischen den Planeten, Häusern und, in geringerem Masse, Zeichen des Geburtshoroskops und denen des Solarhoroskops herzustellen ist für die Interpretation unerlässlich.

Nach allgemeiner Auffassung bezieht sich das Solarhoroskop auf die gesamte Zwölfmonatsperiode, obwohl einige Astrologen glauben, dass das Horoskop einem angeschlagenen Gong gleicht, dessen Klang allmählich an Stärke abnimmt. Letztere Ansicht lässt sich nicht aufrechterhalten, wenn man bedenkt, dass der Zeitplan der Ereignisse, wie ihn das Solarhoroskop für das Jahr nahelegt, oft an Progressionen und Transiten im Geburtshoroskop, oder sogar an denjenigen im Solarhoroskop selbst, aufgezeigt werden kann. Andere zeitliche Indikatoren stellen die Lunarhoroskope dar.

Der Mond braucht etwas mehr als siebenundzwanzig Tage, um alle Tierkreiszeichen zu durchlaufen und kehrt daher ein klein wenig öfter als einmal im Monat — dreizehn Mal im Jahr — zu seiner Radix-Position zurück. Die für diese präzisen Augenblicke erstellten Horoskope sind die Lunarhoroskope, von denen jedes für die Periode eines Lunar-Monats das repräsentiert, was das Solarhoroskop für ein Jahr repräsentiert. Auf diese Weise können die dreizehn Lunarhoroskope ebenfalls dabei helfen, den im Solarhoroskop beschriebenen Zeitplan von Ereignissen anzuzeigen.

Da die Grade des Aszendenten und der Häuserspitzen in Solar- und Lunarhoroskopen besonders wichtig sind, ist präzise Berechnung absolut erforderlich. Die Bewegung der Sonnenposition von einer Bogen-Minute repräsentiert ungefähr vierundzwanzig Zeit-Minuten, was einer Bewegung um sechs Grad an der Himmelsmitte entspricht. Wenn die Geburtszeit nicht genau bekannt ist, kann die Position der

Sonne um eine oder zwei Bogen-Minuten abweichen, und die Hauptachsen im Solar-horoskop werden entsprechend ungenau sein. Bei einer präziser feststehenden Ge-burtszeit, oder nach verlässlicher Korrektur des Horoskops, muss die Position der Sonne auf die Bogen-Sekunde genau berechnet werden, so dass ein akkurates Solar-horoskop aufgestellt werden kann.

## Die Berechnung des Solarhoroskops

*Beispiel:* Prinz Charles 1980

1. Nehmen Sie die Geburts-Position der Sonne
   in Graden, Minuten und Sekunden.           22°  25'  19"

2. Suchen Sie in den Ephemeriden die nächst-
   liegende Sonnenposition um den Geburtstag
   herum (ob Mittag oder Mitternacht          Mittag 14. November 1980
   hängt von Ihren Ephemeriden ab).           22°  16'  44"

3. Stellen Sie die tägliche Bewegung der Sonne
   in 24 Stunden fest (subtrahieren Sie den
   früheren Tag vom späteren).      15. November    23°  17'  11"
                                    14. November  − 22°  16'  44"
                                                 _____
                                                   1°   0'  27"

4. Suchen Sie die Differenz zwischen der Geburts-
   Position der Sonne und Mittag oder Mitter-      22°  25'  19"
   nacht (subtrahieren Sie obige 2 von 1).       − 22°  16'  44"
                                                 _____
                                                   00°  08'  35"

5. Drücken Sie diese Bewegung der Sonnen-
   position in Zeitdauer aus (andere     Wenn   1°  0' 27"  = 24 Stunden
   mögliche Methoden siehe unten).       dann  00° 08' 35"  =
                                                3 Stunden 24½ Minuten

6. Berechnen Sie das Horoskop wie üblich, unter
   Benutzung des gefundenen Zeitintervalls. Akzeleration
   sollte auf das Intervall angewandt werden. Bevorzugt
   werden der Geburts-Längen- und -Breitengrad, obwohl
   eine Kontroverse darüber besteht, ob der Wohnort
   von grösserer Relevanz ist. Einige Astrologen
   vertreten sogar die Ansicht, dass der Ort, wo       Zeitintervall ist
   sich die Person tatsächlich am Geburtstag           3 Stunden 24½ Minuten
   Selbst befindet, benutzt werden sollte.             nach Mittag

106

## Andere Methoden zur Feststellung des Intervalls

a. *Arithmetik*

Diese Methode mag zwar mühsam sein, ist aber unfehlbar genau.

$$\frac{0° \quad 08' \quad 35''}{1° \quad 00' \quad 27''} = \frac{\text{Intervall}}{24 \text{ Stunden}}$$

$$\frac{8,583 \text{ Minuten}}{60,45 \text{ Minuten}} = \frac{\text{Intervall}}{24 \text{ Stunden}}$$

$$\frac{24 \times 8,583}{60,45} = \text{Intervall}$$

$$3,4076 = 3 \text{ Stunden } 24,456 \text{ Minuten}$$

b. *Logarithmen*

Die hinteren Tafeln in «Raphael's Ephemeriden» geben nur vier Dezimalstellen an und sind nicht genau genug für die Berechnungen des Solarhoroskops. In diesem Beispiel wird das «American Book of Tables» verwendet, das Logarithmen bis auf fünf Dezimalstellen enthält.
Subtrahieren Sie 24-Stunden-Bewegungs-Log von Intervall-Log und wandeln Sie dieses Log-Ergebnis in Stunden und Minuten um.

$$0° \quad 08' \quad 35'' = \quad \log 2,22471$$
$$1° \quad 00' \quad 27'' = -\log 1,37697$$

| Ergebnis | log 0,84774 |
|----------|-------------|

ergibt umgewandelt    3 Stunden 24½ Minuten

c. *Proportionaltafeln*

Dies ist die einfachste und schnellste Methode. Suchen Sie für die 24-Stunden-Bewegung der Sonne die Spalte in den Proportionstafeln, die mit 1° 0' 27" überschrieben ist. Suchen Sie in dieser Spalte 0° 08' 35" und lesen Sie die Stunden und Minuten an der Seite ab. Im «American Book of Tables»:

$$0° \quad 07' \quad 33'' = \quad 3 \text{ Stunden}$$

$$0° \quad 01' \quad 00'' = 24 \text{ Minuten}$$

# Die Interpretation des Solarhoroskops

*Entwicklungsmöglichkeiten*

Wie alles andere in der Astrologie ist auch das Solarhoroskop eine Darstellung von Potential — in diesem Fall vom potentiellen Verlaufsmuster der kommenden Zwölfmonatsperiode. Dieses Horoskop ist eine Ergänzung des Geburtshoroskops und sollte als eine Darstellung dessen verstanden werden, wie das im Geburtshoroskop Angezeigte im Verlauf dieses Jahres möglicherweise zum Ausdruck kommen wird. Vergessen Sie nicht: die Positionen des Solarhoroskops sind die Transite am Geburtstag, und dieses Horoskop ist beinahe ein Anfangshoroskop für Ihr persönliches Jahr, vielleicht sogar ein stündliches Jahreshoroskop.

Somit besteht also der erste Interpretationsschritt darin, zu beobachten, wohin wichtige Radix-Planeten im Solarhoroskop fallen. Die Bedeutung dieser Planeten vom Geburtshoroskop her — Charakter, Potential, Stärken, Schwächen und zu lernende Lektionen — wird sich während des kommenden Jahres in Angelegenheiten ausdrücken, die im Bezug zu den Häuserplazierungen stehen und von den Aspekten zu diesen Planeten und ihrer zeichenmässigen Plazierung beeinflusst werden. Dies trifft auf alle Planeten zu, aber die Sonne wird definitionsgemäss immer im selben Zeichen stehen, und Merkur und Venus können überhaupt nur in einem von drei bzw. fünf Zeichen sein. Diese Beobachtungen werden zeigen, wie leicht oder schwer es den Indikatoren des Geburtshoroskops eventuell fallen wird, zum Ausdruck zu gelangen.

Als nächsten Schritt betrachten wir das Solarhoroskop unabhängig vom Geburtshoroskop. Der empfindlichste Indikator ist immer der Aszendent, gefolgt von den anderen Hauptachsen. Der Solar-Aszendent zeigt den persönlichen Ausdruck für das Jahr an, wobei er den Radix-Aszendenten abwandelt, aber in keiner Weise auslöscht. Das Zeichen des Deszendenten sagt etwas über die Note oder den Stil enger persönlicher Beziehungen aus; der MC ist der extrovertierte Ausdruck in der weiteren Umgebung, besonders in der Karriere; der IC zeigt die etwas mehr introvertierte Disposition in bezug auf eigene Wurzeln und Sicherheit, besonders Heim und Familie, an.

Die Position des Herrschers des Horoskops in Haus, Zeichen und seine Aspekte zeigen, auf welches Gebiet sich der persönliche Ausdruck, wie er vom Aszendenten repräsentiert wird, hauptsächlich konzentriert und ob er das Jahr über leicht fallen oder schwierig sein wird. Die Hausplazierung der Sonne und ihre Aspekte werden ebenfalls auf einen Hauptschwerpunkt der Aktivitäten während des Jahres hinweisen. Gleichermassen wichtig sind Haus, Zeichen und Aspekte des Mondes, doch werden diese auf die Art der Person, auf Umstände zu reagieren und zu antworten hindeuten und auf emotions- und gefühlsmässiges Temperament schliessen lassen. Ein Stellatium oder eine Gruppierung von drei oder mehr Planeten wird ebenfalls immer das betreffende Haus betonen, besonders dann, wenn Sonne, Mond oder Herrscher anwesend ist, und kann die Betonung des fraglichen Zeichens erhöhen. Das ist jedoch vor allem deshalb weniger wichtig, da bei einem der gewöhnlich am meisten vorkommenden Stellatien Sonne, Merkur und Venus beteiligt sind; im Solarhoroskop ist das Sonnenzeichen fixiert. Planeten auf den Hauptachsen werden immer einen besonders starken Einfluss haben, da sie Qualität und Energieausdruck des Planeten mit den Angelegenheiten zusammenbringen, die mit dem konjugierten Eckpunkt zusammenhängen. Auch andere interpretatorische Überlegungen werden noch von Wichtigkeit sein — Aspekte zu den Hauptachsen, Herrscher der Häuser innerhalb des Horoskops, usw. — aber die Hauptpunkte sind die bereits oben genannten.

3) Als nächstes folgen die detaillierten und vielfältigen Möglichkeiten, Querverbindungen zwischen Radix- und Solarhoroskop herzustellen. Sie werden am besten folgendermassen aufgeführt:

(a) Jeder Radix-Planet hat eine Haus-, Aspekt- und Zeichenplazierung und beherrscht ein oder mehrere Radix-Häuser. Die Plazierung dieses Planeten im Solarhoroskop wird zeigen, wo und wie im Leben die im Geburtshoroskop sichtbaren Aktivitäten (repräsentiert durch die beteiligten Radix-Häuser) und jene im Radix vorhandenen Charaktereigenschaften (repräsentiert durch Aspekte und Zeichenplazierungen im Geburtshoroskop) sich während des Jahres äussern werden.

(b) Der Herrscher des Solarhoroskops hat eine Hausplazierung im Radix-Horoskop. Die Angelegenheiten dieses Radix-Hauses werden auf irgendeine Art während des kommenden Jahres hervorgehoben werden — sie werden an die Oberfläche dringen und Aufmerksamkeit fordern. Die Interpretation des Solarhoroskops im allgemeinen und des Herrschers im besonderen wird darauf hinweisen, auf welche Art und Weise dies geschehen wird.

Herrscher der anderen Eckpunkte und Häuser im Solarhoroskop können ähnlich behandelt werden, jedoch mit untergeordneter Wichtigkeit.

(c) Der Aszendent des Solarhoroskops beherrscht oder verbindet sich mit einem Radix-Haus, und möglicherweise verbindet sich das aufsteigende Zeichen mit einem weiteren Haus. Die Angelegenheiten eines jeden derart angezeigten Hauses werden ebenfalls während des Jahres in den Vordergrund gerückt werden. Wenn das aufsteigende Zeichen des Solarhoroskops mit dem des Geburtshoroskops übereinstimmt, so deutet dies auf ein Jahr mit wichtigem Integrationspotential hin.

(d) Wenn ein Aspektkontakt zwischen zwei Planeten im Geburtshoroskop sich im Solarhoroskop wiederholt, so wird die Interpretation des Radix-Aspekts das Jahr hindurch hervorgehoben, aber dabei durch die Interpretation des Solarhoroskops modifiziert werden. So ist es beispielsweise möglich, dass ein oft schwer zu handhabendes Radix-Quadrat zwischen Sonne und Mars in dem Jahr leichter und konstruktiver zum Ausdruck kommen kann, in dem das Solarhoroskop die Sonne im Sextil zu Mars zeigt.

(e) Suchen Sie nach übergreifenden Aspekten zwischen Planeten im Solar- und Radix-Horoskop. Diese zeigen Verbindungen zwischen der Bedeutung des einen Planeten im Geburtshoroskop und dem Ausdruck des anderen im Solarhoroskop an. Solar-Mond Konjunktion Radix-Saturn lässt zum Beispiel auf

Empfindsamkeit, Reaktion und Gefühl in Verbindung mit den Lehren des Radix-Saturn schliessen. Solar-Saturn Konjunktion Radix-Mond deutet auf ein Jahr emotionaler Einschränkung oder Disziplin hin. Solar-Venus Konjunktion Radix-Deszendent zeigt die Wahrscheinlichkeit einer wichtigen Beziehung oder das Aufblühen einer bereits bestehenden Beziehung an.

Diese übergreifenden Gegenaspekte müssen jedoch mit dem rechten Sinn für Proportion gelesen werden. Sie sind auch Transite des Geburtshoroskops, welche am Geburtstag stattfanden, und ein Mond-Transit über die Konjunktion mit Saturn wäre beispielsweise nur ein paar Stunden lang innerhalb des Orbis gewesen. Gegenaspekten sollte bei der Interpretation keine hohe Priorität eingeräumt werden.

## Zeitliche Berechnung von Ereignissen

Die verlässlichsten Zeitindikatoren findet man in den Transiten, Progressionen und Direktionen des Geburtshoroskops, die an anderer Stelle in diesem Buch behandelt werden; doch aus dem Solarhoroskop können noch zusätzliche Informationen entnommen werden. Transite der schneller laufenden Planeten über empfindliche Punkte im Solarhoroskop können manchmal Hinweise geben. Aufmerksamkeit schenken sollte man Transiten der Sonne (und manchmal des Mondes) über die Achsen und wichtige Planeten — die Sonne symbolisiert den Stundenzeiger einer Uhr mit 365 Tagen. Wie bereits erwähnt, kann das Lunarhoroskop in ebensolcher Weise als Zeitindikator dienen wie das Solarhoroskop. Es wird auf ähnliche Art berechnet und interpretiert, bezieht sich aber lediglich auf einen Lunar-Monat. Nehmen wir daher einmal an, dass das Solarhoroskop eine dramatische Änderung der Laufbahn während des Jahres anzeigt — Uranus Konjunktion Himmelsmitte zum Beispiel. Wenn dann in einem der dreizehn Lunarhoroskope für dieses Jahr ebenfalls die Karriere besonders hervorgehoben wird (z. B. Stellatium im zehnten Haus) oder Uranus sehr betont ist (Konjunktion Himmelsmitte oder Aszendent, enger Aspekt zur Sonne, zum Herrscher des Horoskops oder zur Himmelsmitte zum Beispiel), dann ist das wahrscheinlich der Monat, in dem der im Solarhoroskop angedeutete Berufswechsel konstellationsmässig angezeigt ist.

Nur wenige Astrologen haben die Zeit, professionell mit Lunarhoroskopen zu arbeiten, und es gibt nicht viele Klienten, die bereit wären, für diesen Arbeitsaufwand zu bezahlen. Jedoch stehen Astrologen jetzt in zunehmendem Masse Heimcomputer zur Verfügung, welche nun für mehr Leute in finanzieller Reichweite sind. Somit hofft man, dass die Verwendung von Lunarhoroskopen sowie Solarhoroskopen für eine zunehmende Anzahl von Leuten zu einem gebrauchsfähigen Prognosewerkzeug werden wird.

Interpretationsbeispiele finden Sie in Kapitel 9.

110

# 8. Weitere Techniken

## Konverse Progressionen

Das den Sekundär-Progressionen zugrundeliegende Prinzip, nach dem jeder Tag nach der Geburt einem Lebensjahr gleichgesetzt wird, kann noch auf unterschiedliche Weise erweitert werden. Eine dieser Varianten besteht darin, auch jeden Tag **vor** der Geburt mit einem Lebensjahr gleichzusetzen. Dieses System ist unter der Bezeichnung «konverse Sekundär-Progressionen» bekannt. Die Positionen werden genauso berechnet wie für gewöhnliche Progressionen, aber der Indextag wird anders sein und muss in **entgegengesetzter Richtung** berechnet werden.

Viele Leute finden die Vorstellung von konversen Progressionen nicht akzeptabel, aber wenn man das Grundprinzip «ein Tag für ein Jahr» bei normalen Progressionen akzeptiert, ist es nur eine Erweiterung dieser Akzeptanz, die Anwendung dieses Prinzips auch in umgekehrter Richtung zuzulassen. Konverse Progressionen (manchmal auch als rückwärts schreitende Progressionen bezeichnet) waren bisher von besonderem Interesse für Theosophen und andere Leute, für die die philosophischen Implikationen der Wiedergeburt eine wichtige Rolle spielen. Sie behaupten, dass die Tage nach der Geburt, die normalen Progressionen, uns Gelegenheiten bieten, unseren freien Willen zu üben und unser Karma abzuwandeln und mitzubestimmen, während die konversen Progressionen untrennbar mit unserer Vergangenheit verwoben sind und sich daher auf unser vergangenes Karma beziehen, bzw. auf die Umstände der jetzigen Inkarnation, die ihre Ursache in Begebenheiten oder Entscheidungen früherer Inkarnationen haben. Das mag wahr sein, scheint aber die Sache mit einseitiger Logik anzugehen. Bei jedem Geburtshoroskop ist die zeitliche Auslösung der Aspekte, d. h. die Zeitpunkte wenn der Einzelne auf diese reagieren muss, für konverse und normale Progressionen gleichermassen sicher bestimmbar, und die Zeiträume von nur zwei oder drei Monaten vor oder nach der Geburt scheinen nur eine dürftige Verbindung zu der Unterscheidung zwischen früheren Leben und Zukunftspotential in diesem Leben aufzuweisen. Eine hilfreiche Analogie wäre es vielleicht, an einen Kieselstein zu denken, der in einen Teich geworfen wird. Der Kieselstein kann als das Ereignis selbst und auch als die Ursache der damit verbundenen Bewegungsabläufe gesehen werden; die kleinen Wellen breiten sich nach allen Richtungen aus.

Direktionen (im Gegensatz zu Progressionen) werden dem Skeptiker vielleicht helfen, dieses *Konzept der Umkehrung* zu akzeptieren, denn wenn in der normalen Direktion die Sonne Venus erreicht, so wird in der umgekehrten, *konversen* Direktion definitionsgemäss die Sonne eine Konjunktion zu Venus bilden. Das *konverse* Prinzip kann auf die weiter unten beschriebenen tertiären und «kleinen» Progressionen und sogar auch auf Transite angewandt werden. Das Berechnen der letzteren ist sehr beschwerlich, und wenige Astrologen haben die Zeit, bei ihrer regulären Arbeit derart detailliert und anspruchsvoll vorzugehen. Dennoch möchte ich sehr empfehlen, die *konversen* Transite und die *konversen* Progressionen wenigstens an einem oder zwei persönlichen Horoskopen auszuprobieren, die gut-bekannt sind.

Beachtenswert ist, dass sich die Zyklen bei *konversen* Transiten mit sehr ähnlicher Geschwindigkeit entfalten wie bei normalen Transiten. Die normale Saturnwiederkehr eines Menschen wird beispielsweise ziemlich genau zur gleichen Zeit stattfinden wie seine *konverse* Saturnwiederkehr, aber die *konversen* Transite über andere Planeten können zu den verschiedensten Zeiten stattfinden. In einem Horoskop zum Beispiel, in dem Pluto keinen Hauptaspekt zur Sonne bildet, kann dieser Planet bei seinem *konversen* Transit ein überraschend aufschlussreicher Indikator sein.

## Tertiäre und «kleine» Progressionen

Das Grundprinzip «ein Tag für ein Jahr» kann auch beinahe unbegrenzt nach anderen Richtungen ausgedehnt werden. Wird die grundlegende Prämisse akzeptiert, so kann man annehmen, dass jeder Tag in der Ephemeride nicht nur mit einem Lebensjahr in Beziehung steht, sondern auch mit einem Monat oder einer Woche. Wird er mit einem Tag des Lebens gleichgesetzt, entdecken wir plötzlich ein neues Grundprinzip bzw. eine neue Darstellung für unseren Freund, den guten alten logischen und verlässlichen Transit! Man könnte den Ephemeridentag sogar mit einer Stunde, Minute oder Sekunde gleichsetzen, aber die planetarischen Tabellen, die man brauchen würde, um mit diesen Entsprechungen zu arbeiten, wären von ungeheurem Ausmass, und die daraus gewonnenen Bewegungen, die viel schneller wären als herkömmliche Transite, würden wenig praktischen Nutzen bringen.

Das Gleichsetzen eines Tages mit einem Monat ergibt eine interessante Geschwindigkeit für die Bewegung der Planeten, schneller als Sekundär-Progressionen, doch langsamer als die meisten Transite. Das Abzählen von zwölf Tagen in der Ephemeride für jedes Lebensjahr (= zwölf Monate) ist eine einfache, wenn auch mühselige Aufgabe. Aber sofort kommt die Frage auf, dass ja ein Kalendermonat, der unterschiedlich lang sein kann, eine etwas willkürliche und vom Menschen festgelegte Zeiteinteilung ist. Man sollte der astronomischen Präzision des Lunarmonats den Vorzug geben, selbst wenn es das Abzählen der Tage in der Ephemeride viel schwieriger macht. In Chester Kemps Büchlein *«Progressions»* gibt es Tafeln, die dies erleichtern, und ebenso für die Kalendermonatsmethode in *«The Technique of Prediction»* [Die Technik der Vorhersage] von R. C. Davidson (s. Bibliographie). Ein Tag für einen Lunarmonat ist die

Methode für Tertiär-Progressionen; die obskure Entsprechung zu einem Kalendermonat wird als «die Monats-Sekundär Progressionen» bezeichnet.

Eine weitere Variante ist unter dem Namen «kleine Progressionen» bekannt, bei denen ein Monat in der Ephemeride einem Lebensjahr entspricht. Diese Bewegungsgeschwindigkeit ist schneller als Tertiär-Progressionen, aber immer noch langsamer als Transite. C. C. Zain und die «Church-of-Light»-Schule der Astrologie entwickelten die kleinen Progressionen. Jede dieser beiden monatsbezogenen Progressionsarten ergeben Bewegungen von ansonsten vielleicht weniger relevanten Planeten, mit denen sich gut arbeiten lässt; z. B. laufen Pluto und Neptun zu langsam, um in Sekundär-Progressionen irgendeine Wirkung auszuüben, und Transite der persönlichen Planeten sind zu schnell als dass es sich lohnen würde, sie zu interpretieren. Tertiäre und kleine Progressionen ermöglichen das Erfassen zusätzlicher Trends von diesen Planeten her.

## Primär-Direktionen

Alle bisher besprochenen Progressionen und Direktionen basieren auf der Beziehung zwischen Erde und Sonne. Primär-Direktionen basieren auf der täglichen Umdrehung der Erde um ihre eigene Achse: die Zeitspanne, die 1 Grad der Rektaszension (geraden Aufsteigung) braucht, um den Meridian zu überqueren (ca. 4 Minuten siderischer Zeit) entspricht einem Lebensjahr. Dieses System hat zwei bedeutende Nachteile. Erstens sind die Berechnungen ungeheuer kompliziert, mühsam und aufwendig, da sie mit Hilfe trigonometrischer Formeln gemacht werden müssen. Zweitens ist die genaue Angabe der Geburtszeit überaus wichtig, und jede Abweichung von 4 Minuten ergibt in der Prognose eine Ungenauigkeit von einem Jahr; dies ist ähnlich wie das Problem der Verlässlichkeit bei den Sekundär-Progressionen von Aszendent und Himmelsmitte. Für begeisterte Mathematiker gibt es Bücher, die die Kalkulationstechniken beschreiben, aber für den nicht-trigonometrisch gesinnten und mit Erstexperimenten beschäftigten Astrologieliebhaber gibt es Computerdienste, die die Berechnung von Primär-Direktionen anbieten.

# Die tägliche Progression der Achsen

Hinter der jährlichen Progressionsbewegung von Himmelsmitte und Aszendent um ungefähr ein Grad verbirgt sich die Tatsache, dass beide Achsen einen vollständigen Umlauf um den Tierkreis, zusätzlich zu diesem einen Grad, ausführen. Demzufolge durchlaufen die Achsen in ihrer täglichen Progression während eines Jahres alle Zeichen und Häuser mit einer Geschwindigkeit von etwas weniger als einem Grad pro Tag. Man sagt, dass die Tage, an denen die Achsen auf Radix-Planeten treffen, von besonderer Wichtigkeit sind, und zwar

in der für den jeweiligen Kontakt typischen Weise. Die Spitzen der Zwischen-
häuser können ebenfalls benutzt werden. Dies ist ein weiteres System, das von
einer genauen Geburtszeit abhängt, wenn es auch nur im entferntesten relevant
und verlässlich sein soll.

## Das Tageshoroskop

In diesem System, über das Sepharial schreibt, wird unter Verwendung der
Original-Geburtszeit ein Horoskop für jeden beliebigen Tag aufgestellt. Es kann
daher als eine Art Tages-Solarhoroskop betrachtet werden; wenn der Geburtsbreitengrad und nicht der derzeitige Wohnort benutzt wird, wird die Sonne im
selben Haus sein wie bei der Geburt. Es könnte ein nützliches Werkzeug für
solche Leute sein, die morgens nur ungern ihr Haus verlassen, ohne vorher die
Planeten um Erlaubnis gefragt zu haben.

## Die graphische Ephemeride

Es wird behauptet, dass schon viele wissenschaftlich orientierte und der Astrologie gegenüber skeptische Leute von deren Stichhaltigkeit überzeugt wurden, als
man sie mit einer graphischen Ephemeride konfrontierte. Die Behauptung
klingt ein wenig weit hergeholt, aber die optische Darstellung der Ephemeride
für das Jahr, die die Bewegung der Planeten als geschwungene Linien quer über
das ganze Blatt zeigen, vermittelt mit Sicherheit eine Klarheit, die in den
planetarischen Tabellen nicht zu finden ist und könnte einen Skeptiker wohl
dazu veranlassen, sich die Astrologie zumindest nochmals etwas genauer anzu-
sehen.

Die graphische Ephemeride wurde durch die deutsche Schule von Rheinhold
Ebertin und seinem Sohn Baldur entwickelt und bezieht sich deshalb auf das
System dieser Schule, das auf den 90°-Kreis aufgebaut ist. Sie ermöglicht das
Erkennen von Transit-Aspekten auf einen Blick — aber nur von Konjunktionen, Quadraten, Oppositionen und 45°-Aspekten. Zugegebenermassen sind das
die Aspekte, die auf Anhieb am wichtigsten erscheinen, doch wäre es für jeden,
der mit Halbquadraten und Anderthalbquadraten arbeitet, ungeschickt, den
Quincunx auszulassen, den ich als einen stärkeren Aspekt ansehe; in der graphischen Ephemeride ist er nicht dargestellt. Auch Sextile und Trigone sind nicht
dargestellt — und dabei ist es etwas Wohltuendes, die harmonischeren Aspekte
zu beobachten, selbst wenn ihre Wirkung zart ist und sie leicht von den härteren
Aspekten erdrückt werden. Die graphische Ephemeride ist in Bild 5 (am Beispiel
von Prinz Charles, 1981) veranschaulicht. Daraus wird ersichtlich, dass der
zeitliche Ablauf des Jahres auf der horizontalen und die Zeichen mit ihrer

Gradeinteilung auf der vertikalen Achse ausgedrückt sind. 45°-Aspekte (die Hälfte des 90°-Kreises) sind auf der rechten Seite aufgeführt, und links zeigen drei getrennte Spalten die Gruppierungen der kardinalen, fixen und veränderlichen Zeichen und deren Gradzahlen an.

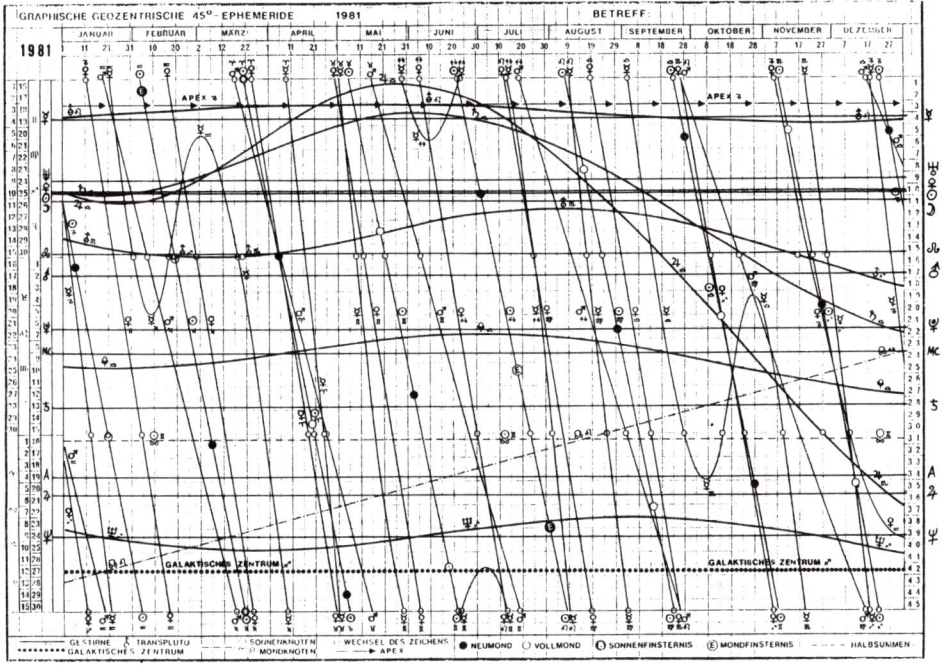

*Fig. 5: Graphische Ephemeride*

Radix-Planeten werden eingezeichnet, indem man für jeden einzelnen von der Gradzahl des Zeichens in der jeweils zutreffenden Spalte aus eine horizontale Linie zieht. Die Transitbewegungen der äusseren Planeten für das Jahr sind relativ flache Wellenlinien, während die schnell-laufenden Planeten als fast vertikale Linien erscheinen. Der Mond ist nicht eingezeichnet, aber Voll- und Neumond sowie Sonnen- und Mondfinsternisse sind mit einem Kreis auf der Linie der Sonne gekennzeichnet. Dort wo eine Transitlinie eine der horizontalen Radix-Planetenlinien schneidet, findet also entweder eine Konjunktion, ein Quadrat, eine Opposition, ein Halbquadrat oder ein Anderthalbquadrat statt. Radix-Aspekte dieser Art werden dadurch ersichtlich, dass die horizontalen Linien nahe beieinander liegen, aber da ein Orbis von 8° fast ein Fünftel der vertikalen Skala ausmacht, sind die Radix-Aspekte nur dann deutlich erkennbar, wenn sie so gut wie exakt sind.

Die graphische Ephemeride gibt einen breiten Überblick über das Jahr und ist besonders nützlich, um einen Aufbau von Transitaktivitäten zu erkennen, die

115

konzentriert in einem Zeitraum von wenigen Tagen auftreten — die Grafik wird dort viele sich kreuzende Linien zeigen. Eine solche Konzentration, besonders wenn die schneller-laufenden Planeten daran beteiligt sind, ist in der herkömmlichen Ephemeride nicht immer einfach zu ersehen. Die Mängel dieser Darstellungsweise sind das völlige Fehlen bestimmter Aspekte überhaupt und die Tatsache, dass die Radix-Planeten am oberen und unteren Rand der Grafik beim Betrachten bestimmter Transite übersehen werden können.

## Die Rektifikation

Alle Astrologen arbeiten gerne mit einem genauen Horoskop, doch die meisten Geburtszeiten sind nicht genau urkundlich registriert. Eine der Anwendungsarten präziser Prognosetechniken ist es, mit Ereignissen im Leben, die bereits geschehen sind, rückwärts zu arbeiten und mit Hilfe der empirischen Methode, durch Testen und Eliminieren, den wahrscheinlichsten Aszendenten und MC für das Horoskop zu finden. Das Manöver ist unpräzise, und das Wort Rektifikation beinhaltet einen höheren Grad an Genauigkeit als den, der gewöhnlich erreicht wird. Es ist ein komplexer und langwieriger Prozess, und nach seiner Vollendung mag der ermattete Astrologe wohl das Gefühl haben, sein Ego verdiene die Belohnung, ‹Rektifikation› im lexikalischen Sinn zustandegebracht zu haben, nämlich im Sinne von ‹Korrektur; Eintauschen gegen das Richtige›. Aber das Wort bedeutet auch ‹verbessern, abändern, angleichen›, und ich ziehe diese weniger dogmatischen Bedeutungen vor.

Die verlässlichste Methode der Rektifikation ist folgende: Erstens: Stellen Sie eine möglichst detaillierte Liste aller wichtigen Ereignisse im Leben der Person auf, deren Aszendent unklar ist. Zweitens: Beginnen Sie mit den wichtigsten Ereignissen, arbeiten Sie alle astrologischen Indikatoren für diese Zeit aus und sehen Sie nach, in welcher Weise sie auf dieses Ereignis zutreffen. Sind Aszendent und Himmelsmitte ungefähr bekannt, so zeichnen Sie einen groben Entwurf des Horoskops, der die möglichen Bereiche der Achsen zeigt. Ist die Geburtszeit unbekannt, so beobachten Sie, welche Ereignisse scheinbar keine entsprechenden astrologischen Indikatoren haben und schauen Sie nach, ob es Aspektkontakte zu scheinbar unbesetzten Stellen des Horoskops gibt — eine der Hauptachsen könnte sich dort befinden. Benutzen Sie immer den progressiven Mond, und auch die Einbeziehung von Direktionen und Tertiär- oder sogar kleinen Progressionen wird empfohlen; *konverse* Bewegungen können ebenfalls nützlich sein. Viele Details wirken bei der Rektifikation oft verstärkend und bestätigend, anders als bei Prognosen, wo sie eher Verwirrung stiften. Es ist einfacher, astrologische Einflüsse vergangenen Ereignissen zuzuordnen als genau die Begebenheit in der Zukunft zu bestimmen, die zu den astrologischen Einflüssen passt. Merkwürdigerweise werden Transite wahrscheinlich weniger hilfreich sein, obschon sie benutzt werden müssen. Das kommt daher, dass aufgrund des kollektiven Charakters eines Transits sein Einflussbereich oft sehr breit ist — wie ich bereits weiter vorne in diesem Buch erwähnte, haben Progressionen mehr persönliche Relevanz.

Viele Astrologen versuchen, die Anforderungen einer richtigen Rektifikation zu umgehen. Sie beurteilen entweder, welches am ehesten die richtige Hausplazierung für die Sonne sein könnte, plazieren einen bestimmten Planeten an einer Hauptachse, oder bestimmen den Aszendenten nach der äusseren Erscheinung der Person. Manchmal mögen sie zwar recht haben, doch sollte man diese Methoden lediglich als wohlqualifizierte Raterei ansehen. Sie sind nicht verlässlich, und obwohl mit ihrer Hilfe vielleicht die Zahl der möglichen aufsteigenden Zeichen von sechs auf vier reduziert wird, kann man sie nicht als zuverlässigen Ersatz dafür benutzen, Aspekte mit vergangenen Ereignissen in Beziehung zu setzen.

Eine letzte angebliche Methode der Rektifikation ist die vorgeburtliche Epoche. Diese Epoche oder Zeitspanne vor der Geburt soll den Augenblick der Empfängnis erkennen lassen. Wenn Sie also wissen, wann das Kind empfangen wurde, simsalabim! schon wissen Sie den exakten Augenblick der Geburt. Diese Folgerung an sich ist schon suspekt. Die Berechnung der vorgeburtlichen Zeit ist kompliziert und erfordert, dass man die Geburtszeit auf eine halbe Stunde genau kennt. In ihrem hilfreichen Buch über die Rektifikation umreisst Zip Dobyns (mit wenig Begeisterung) die notwendigen Schritte für diese Berechnung. Es wäre sehr nützlich für die betreffende Person, mit ihrem auf dem Zeitpunkt der Empfängnis basierenden Horoskop zu arbeiten, **wenn man sich seiner Genauigkeit sicher sein könnte,** aber ich bin extrem im Zweifel über die ganze Methode. Jeglicher Funken von Gültigkeit wird zunichtegemacht, wenn die Geburt künstlich eingeleitet war, aber selbst bei natürlichen Geburten ist es mir bisher nicht gelungen, die Theorie der Vorgeburtsepoche zu bestätigen. Einige Leute erheben den Anspruch symbolischer Gültigkeit für das Empfängnis-Horoskop, aber selbst sie werden zugeben, dass es wahrscheinlich nicht den tatsächlichen physischen Zeitpunkt der Empfängnis repräsentiert, und viele messen seinem Nutzen für die Rektifikation nur geringen Wert bei. Der vernichtendste Einwand gegen seine Verwendung bei der Rektifikation ist die Beobachtung, dass eineiige Zwillinge zwar vermutlich dieselbe Vorgeburtsepoche haben, aber nichtsdestoweniger zu verschiedenen Zeiten geboren werden.

## Astrologische Geburtenkontrolle

An dieser Stelle scheint es nicht unangemessen, die Möglichkeiten der Geburtenkontrolle durch Astrologie zu überprüfen. Ein tschechischer Psychiater, Dr. Eugen Jonas, behauptete, dass Frauen zusätzliche zum normalen Ovulationszyklus noch einen anderen Fruchtbarkeitszyklus haben, der auf dem Winkel zwischen Sonne und Mond begründet ist. Stehen diese beiden Himmelslichter im selben Winkel zueinander wie bei der Geburt ($\pm$ 15°), ist dies die fruchtbarste Zeit der Frau, während sie ausserhalb dieses Bereichs nicht empfangen kann. Es ist jedoch notwendig, den normalen Ovulationszyklus in Zusammenhang mit diesem astrologischen Zyklus zu kontrollieren. Dr. Jonas vertrat auch die Meinung, das Geschlecht des Kindes werde dadurch bestimmt, ob der Mond zum Zeitpunkt der Empfängnis in einem männlichen oder weiblichen Zeichen stehe.

Viele Frauen, die eine Abneigung gegen künstliche Formen der Geburtenkontrolle haben, aber bereit sind, eine Empfängnis zu akzeptieren, falls sie eintreten sollte, haben diese Methode der Geburtenkontrolle offenbar erfolgreich ausprobiert, aber es muss betont werden, dass das medizinische und statistische Beweismaterial sicherlich nicht überzeugend, wenn nicht sogar entmutigend ist. Dr. Jonas' Arbeit in der Tschechoslowakei konzentrierte sich — bis sie von den kommunistischen Behörden verboten wurde — mehr darauf, anscheinend unfruchtbaren Frauen zu einer Empfängnis zu verhelfen, und es wurde behauptet, dass sein Erfolg grösser war als der im Bereich der herkömmlichen Medizin — der Erfolg im Bewirken des Gegenteils von Geburtenkontrolle! Dass das Zeichen des Mondes bei der Empfängnis das Geschlecht des Kindes anzeigt, ist ebenfalls statistisch nicht nachgewiesen, aber die Tatsache, dass Sperma mindestens fünf Tage lang im Geschlechtstrakt der Frau überleben kann, macht es effektiv unmöglich, das Zeichen des Mondes zum Zeitpunkt der Empfängnis mit Sicherheit zu benennen. Schliesslich besagt eine der Regeln der Vorgeburtsepochen-Theorie, dass die Position des Mondes bei der Empfängnis entweder den Aszendenten oder Deszendenten bei der Geburt ergibt. Nach Dr. Jonas' Theorie hätten daher alle Männer männliche aufsteigende Zeichen und alle Frauen weibliche — was offensichtlich nicht der Fall ist. Bei einer Wahl zwischen den beiden Theorien ziehe ich es vor, der Vorgeburtsepochen-Theorie nicht zu glauben — aber sie können natürlich beide falsch sein. (Für diejenigen, die an weiterer Literatur zu diesem Thema interessiert sind: das beste Buch in englischer Sprache ist *Astrological Birth Control* von S. Ostrander und L. Schroeder; Prentice Hall, New Jersey, 1972. Die Paperbackausgabe ist bei Bantam books unter dem Titel *Natural Birth Control* erschienen.)


# Harmonische Direktionen

Dieses Prognosesystem (genau genommen keine ‹Direktion›) ist sehr neu und kaum mit einer der anderen in diesem Buch behandelten Methoden vergleichbar. Es wurde um 1975 von John Addey, dem grossen britischen Astrologen und Philosophen, als logische Erweiterung seines Denkens über die *harmonische*

Grundlage der Astrologie vorgeschlagen und wird im Diplom-Ausbildungslehrgang der ‹Faculty of Astrological Studies› miteinbezogen. Die Theorie lautet, dass alle astrologischen Einflüsse (Zeichen, Häuser, Aspekte, Dekanate, Gradbereiche, usw.) am besten von zwei Faktoren her verstanden werden können — der Zahl und dem Zyklus. Somit wird die Ansicht vertreten, dass sich die Gesamtheit aller astrologischen Bedeutungen letztlich von der zahlenmässigen Unterteilung besonderer Kreise oder Zyklen herleitet; der Tageszyklus beispielsweise verkörpert die Häuser, der Monat steht in Wechselbeziehung zum Lunationszyklus, und das Jahr ergibt den Tierkreis.

Dieses Konzept ist am deutlichsten bei den Aspekten erkennbar. Die Opposition zum Beispiel ergibt sich aus der Unterteilung eines synodischen Zyklus' in zwei Teile, das Trigon in drei, usw. Wenn wir in pythagoräischer Manier die philosophischen Ideen und archetypischen Prozesse untersuchen, die durch Zahlen ausgedrückt werden, können wir zu einem Verständnis der Bedeutungen des betreffenden Aspekts oder der fraglichen Unterteilung gelangen. Auf diese Art und Weise ist es möglich, Unterteilungen durch jede beliebige Zahl zu untersuchen.

Addey deutete weiter an, dass wir das Wirken jedes beliebigen Zahlenprozesses in der Psyche untersuchen können, indem wir das ganze Geburtshoroskop in ‹Schwingung› zu der fraglichen Zahl versetzen. Zu diesem Zweck multiplizieren wir einfach die Position jedes Horoskopfaktors mit der betreffenden Zahl und schaffen dann ein neues, harmonisches Horoskop aus den gewonnenen vervielfachten Positionen. Der neue Aszendent befindet sich in seiner üblichen Position auf der Ostseite des Horoskops, aber die der Himmelsmitte kann überallhin fallen.

Wenn wir das Wirken von ‹Zwei-heit› und Polarität in der Psyche untersuchen wollen, multiplizieren wir die Positionen des Grundhoroskops mit zwei. Die einfachste Art, dies zu tun, ist, die Horoskop-Positionen in absoluter Länge (Grade und Minuten ab 0° Widder) aufzuschreiben und diese Positionen dann mit der zu untersuchenden Zahl zu multiplizieren. Ist das Ergebnis grösser als 360°, so subtrahieren Sie 360° so oft, bis die Antwort auf weniger als 360° reduziert ist. Zum Beispiel: Sonne 16°20' Stier = 46°20'. Im harmonischen Horoskop für die Zahl zwei wird die Sonne auf 46°20' × 2 = 92°40' = 2°40' Krebs stehen. Mond 15°10' Skorpion = 225°10', dieses × 2 = 450°20'. Dies ist grösser als 360°. Subtrahiert man 360°, ergibt das 90°20' = 0°20' Krebs. Die Sonne-Mond-Opposition im Radix mit einem Orbis von 1°10' wird also zu einer Konjunktion mit einem Orbis von 2°20' im harmonischen Horoskop für die Zahl zwei. Alle Positionen im Horoskop werden auf dieselbe Weise berechnet und auf ein neues Horoskop gesetzt. In der Praxis ist es am einfachsten, entweder eine Rechenmaschine oder harmonische Horoskop-Tabellen zu benutzen — und die meisten astrologischen Computerdienste liefern jetzt auch diese Berechnungen.

Harmonische Horoskope können in verfeinerter und anspruchsvoller Charakteranalyse von grossem Wert sein. Addey wies jedoch weiter darauf hin, dass wir in jedem Jahr unseres Lebens auf die Schwingung oder Resonanz der Zahl unseres Alters eingestimmt sind. Im Alter von fünfundzwanzig Jahren haben wir also seit unserer Geburt die Sonne fünfundzwanzig Mal umkreist. Dies wird uns mit unserem harmonischen Horoskop für die Zahl fünfundzwanzig in Einklang bringen, und unser Leben wird die darin enthaltenen Energiemuster zum Ausdruck bringen.

Harmonische Horoskope werden sich von einem Jahr zum anderen dramatisch verändern, wie Akkorde und Harmonien in einem Musikstück. Gewöhnlich scheinen sie ein lebhaftes Bild für das Jahr als Ganzes darzustellen und sollten für Hinweise auf die Hauptthemen eines Lebens verwendet werden; sie können ähnlich wie Solarhoroskope interpretiert werden. Ausser wenn die Geburtszeit sehr genau registriert ist, sollte man sich nicht auf die Achsen verlassen, da z. B. ein Fehler von einem Grad im Alter von 32 Jahren bereits einen Fehler von 32° bewirken würde. Genau dieser Umstand macht es jedoch möglich, harmonische Horoskope als zusätzliches Werkzeug bei der Rektifikation zu benutzen. In der Praxis scheint die Zeit, in der ein harmonisches Horoskop wirksam wird, so ungefähr drei Wochen vor dem Geburtstag zu beginnen. Das harmonische Horoskop für Zweiunddreissig von Prinz Charles ist auf Seite 145 dargestellt (Fig. 14).

**Anmerkung zur Geschichte:** Ohne dass Addey irgendetwas davon wusste, stiess der Schweizer Astrologe K. Hitschler in den späten 1940er Jahren auf eine ähnliche Direktionsmethode, doch hatte sie keine Verbindung zum Konzept der Harmonielehre. Er war der Ansicht, dass die Entfernung eines Körpers von 0° Widder sein natürlicher Direktionsbogen für ein Jahr sei.

120

# 9. Praktische Vorhersage

In diesem Kapitel sind zahlreiche Beispiele aufgeführt, welche die verschiedenen Voraussagetechniken dieses Buches erläutern, ausgenommen der weniger üblichen Methoden, die im 8. Kapitel erwähnt sind. Ich habe die Horoskope von Prinz Charles und Diana, Prinzessin von Wales, ausgewählt, nicht nur wegen des zur Zeit der Niederschrift allgemeinen Interesses und der Geburt ihres ersten Kindes, sondern auch aufgrund ihrer starken Ausstrahlung, sowohl in England als auch in der übrigen Welt. Ein Horoskopvergleich der beiden wurde in einem anderen Buch dieser Serie besprochen. (**Penny Thornton:** Synastry: A Comprehensive Guide to the Astrology of Relationsships, Aquarian Press 1982.) Kein Beispiel ist ideal, eine Tatsache, die uns erinnert, dass jedes Horoskop eine einmalige Wesenseinheit ist. Horoskope von bekannten Persönlichkeiten und Mitgliedern der königlichen Familie haben den Nachteil, dass kollektive Einflüsse und Forderungen, welche weit stärker wirken als dies bei einer gewöhnlichen Ausarbeitung eines persönlichen Schicksals der Fall wäre, die individuellen und persönlichen Entsprechungen der astrologischen Einflüsse verzerren. Ich bin aber sicher, dass diese Horoskope auf grösseres Interesse stossen als z. B. jene von John Robinson und Eileen Smith, hypothetische «Unbekannte» aus meinen Fallgeschichten.

Die entsprechenden Radixhoroskope von Prinzessin Diana und Prinz Charles, die in Figur 6 und Figur 9 abgebildet sind, zeigen die Progressionen und Transite für 1981. Für die Zeit vor und nach ihrer Hochzeit 1980−82 erfolgte für Prinzessin Diana eine detaillierte Untersuchung und für Prinz Charles wurden die allgemeinen Tendenzen aufgezeigt. Die Solarhoroskope der beiden, die jeweils das Jahr der Trauung einschliessen, sind ebenfalls abgebildet und werden erläutert; des weitern das Lunarhoroskop von Prinzessin Diana für Juli 1981 und das «Harmonic»-Horoskop von Prinz Charles für das Hochzeitsjahr.

## Prinzessin Diana

Die ausführlichen Daten für Prinzessin Diana sind in der Tabelle von Figur 7 abgebildet, in Figur 8 das Arbeitsblatt für die Darstellung von Progressionen, das die «Faculty of Astrological Studies» benützt. 1979, als sie noch Lady Diana hiess und bald 18 Jahre wurde, fühlte sie die Wirkung der progressiven Sonne in Opposition zu Saturn. Für jede junge Frau, die am Ende ihrer Ausbildung steht, wird diese Progression eine ernsthafte Lebenshaltung mit sich bringen. Vielleicht fragte sie sich, welche Schwierigkeiten auf sie warteten und welche Verantwortung die Erwachsenenwelt ihr wohl bringen mag. Neptuns Transit über ihren Aszendenten begann 1978 und war einer der dominierenden Einflüsse fast während des ganzen 1979, und so ist es wahrscheinlich, dass eine gewisse Verwirrung und Ziellosigkeit zu ihrer ernsthaften saturnischen Haltung beigetragen hat. Der Radix Neptun steht im 10. Haus und herrscht über das dritte. Das deutet auf unklare Gedanken über das, was sie in ihrem Leben erreichen wollte, hin sowie auf Unklarheiten in bezug auf Erziehungs- und Kommunikationsfragen, – vielleicht Fragen über ihre weitere Ausbildung oder ihre Arbeit im Pimlico Kindergarten. Neptun bildet im Geburtshoroskop ein Quadrat zum Horoskop-Herrscher Jupiter. Dies zeigt idealistische und romantische Tendenzen, und so wäre es auch möglich, dass sie sich Gedanken darüber machte, wen sie einmal heiraten werde. Vielleicht verliebte sie sich sogar zu der Zeit in ihren Prinzen, jedoch liess der progressive Saturn solche Ideen als hoffnungslos und nicht der Realität entsprechend aussehen.

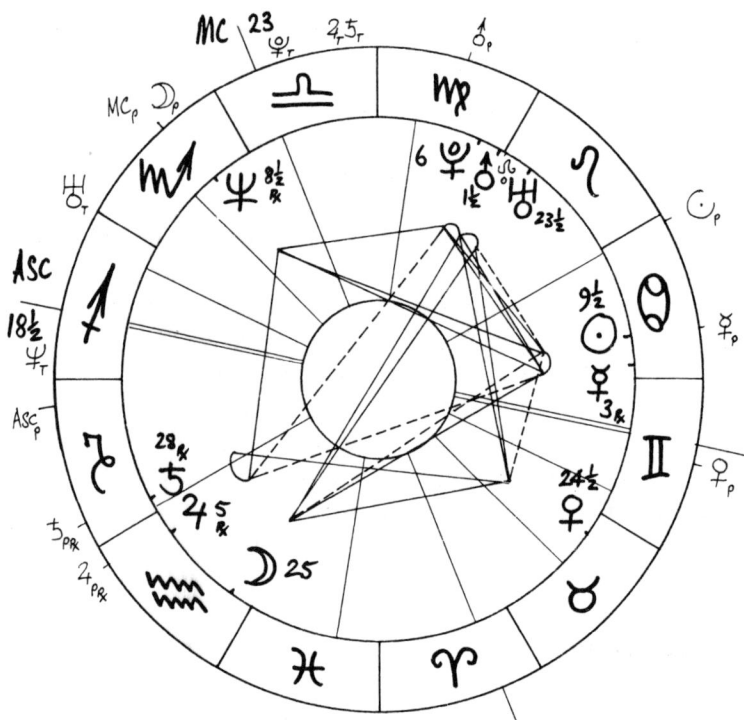

*Fig. 6: Geburtshoroskop Prinzessin Diana 1.7.1961; 19.45h; Sandringham Progressionen und Direktionen für 1981.*

Anfangs 1980 verstärkten sich verschiedene, sehr unterschiedliche Einflüsse. Die wahrscheinlich eher bedrückenden Einflüsse Saturns wurden abgeschwächt und durch hintergründige Einflüsse des progressiven Aszendenten in Opposition zu Merkur ersetzt. Jupiter um den Sonnenbogen vorgeschoben, stand in

Opposition zu Uranus, und der Transitneptun bildete einen Aspekt zu Venus, Uranus, Mond und MC. Der Radixmerkur steht im siebten Haus, ist auch dessen Herrscher und hat so einen direkten Bezug auf enge persönliche Beziehungen. Neptun beeinflusst jetzt Venus, den Planeten der Beziehung, und der Mond ist nicht nur der Sonnenherrscher, sondern auch Mitherrscher des siebten Hauses, was annehmen lässt, dass emotionale Sensibilität und wirkliche Romantik im Vordergrund stehen. Dadurch waren nicht nur die Voraussetzungen für eine Partnerschaft gegeben, sondern auch jene für einen Umbruch, da Uranus ebenfalls beteiligt war. Jeder Jupiter/Uranus Kontakt hat das Potential für unerwartete Entfaltungsmöglichkeiten und Überraschungsmomente. So war diese Thematik hier auch gegeben, da Jupiter der Geburtsherrscher ist. Auf weitere Veränderungen weist auch die Opposition des Transituranus zur Venus hin, was traditionsgemäss mit Beziehungen zu tun hat, im Horoskop von Diana jedoch in gewisser Weise auch mit Karriere und einer Stellung in der Gesellschaft verbunden ist, da Venus die Himmelsmitte beherrscht. Uranus befand sich von Januar bis April 1980 innerhalb des Orbis dieser Opposition und dann wieder im Oktober. Dieses Beispiel zeigt uns klar, dass unerwartete Umstellungen auch gewinnbringend, aufregend sein können, und nicht unbedingt destruktiv, wie dieser Aspekt manchmal einseitig interpretiert wird. Uranus stand gleichzeitig im Quadrat zu Mond und Radixuranus und löste so wichtige, emotional geladene T-Quadrate im Radix aus. Dabei gilt es auch zu beachten, dass sich das erste Viertel des Uranus-Zyklus etwas früher als die theoretischen 21 Jahre einstellte.

Ein anderer, wichtiger zyklischer Indikator trat ungefähr im April auf, als der progressive Mond das MC erreichte, das den Beginn eines neuen 28-Jahre Zyklus ankündigte, verbunden mit genau jener Position in der Welt, welche vielleicht ein Jahr zuvor der Ursprung intensiver Gedankengänge gewesen sein mag. Durch eine Serie von Neumonden waren die ersten Monate des Jahres mit Gefühlen von verschiedensten Neuanfängen in bezug auf neue Aufgaben, Emotionen und Partnerschaft geprägt, da diese in Konjunktion mit Saturn (Januar), Mond (Februareklipse) und Venus (Mai) waren. Es wird ersichtlich, dass sich viele der sich bewegenden, zeitauslösenden Faktoren im Bereich der kritischen 23 bis 25 Grad befanden, mit Saturn nahe bei 28 Grad. Wo immer und egal in welchem Zeichen ein Radix, wie oben beschrieben, eine Ballung von Planeten in ähnlichen Graden hat, erfolgt immer eine starke Resonanz auf das ganze Horoskop, wenn die auslösenden Faktoren diese Grade in irgendeinem Zeichen berühren.

Im Juli 1980 stand der Vollmond in Konjunktion mit dem Herrscher Jupiter und betonte die Achse zwei/acht, eigener Besitz und Fremdbesitz, eigene Gefühle und Selbstwert, resp. die Werte der andern. Während dem Herbst brachten Saturn und Jupiter in unterschiedlichem Masse Disziplin und Freude, ein astrologischer Einfluss, der sich im folgenden Jahr noch stärker bemerkbar machte.

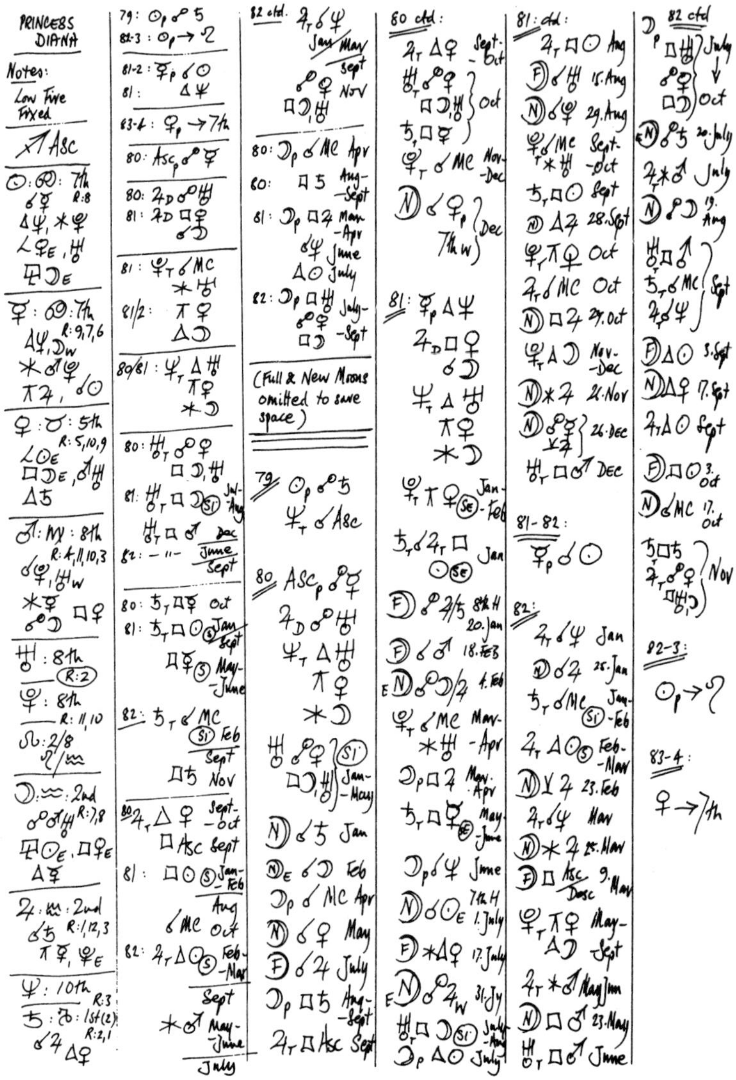

Fig. 7: *Daten von Prinzessin Diana*

Die junge Frau wechselte von ihrem normalen, vielleicht privilegierten Leben zu Zwang und Glück, den Aufgaben und der Belohnung, welche sich durch die Heirat mit dem Thronerben ergaben. Jupiter bewegte sich in ein Trigon zur Venus und in ein Quadrat zum Aszendenten, der progressive Mond stand jedoch gleichzeitig im Quadrat zum Saturn und der Transitsaturn bildete ein Quadrat zu Merkur. Die Freude, ihren Prinzen buchstäblich zu finden, und die Geheimhaltung, der protokollarische Bürokratismus vermischten sich zu einem frustrierenden Druck. Doch was für Entscheidungen, die ausserhalb ihrer Beeinflussungsmöglichkeiten lagen, in dieser Zeit auch getroffen wurden, aus astrologischer Sicht kam der Moment, wo es eine komplette und radikale Umstellung gab, unerbittlich näher. Wir können beobachten, dass der Neumond 3 Grad vor der Spitze des siebten Hauses zu stehen kam (hier ist man geneigt anzunehmen, sie sei etwas früher geboren, doch ist genau das der nicht tolerierbare Aspekt von Korrekturen, denn andere Faktoren bestätigen diese Annahme nicht) und sich sehr nahe an der progressiven Venus befand, was dessen Wichtigkeit unterstützt. Der entscheidende Faktor war jedoch Transitpluto auf ihrem MC, zum ersten von drei Malen: November bis Dezember 1980, März bis April 1981 und September bis Oktober 1981, was ein Jahr der Wandlung in bezug auf ihre Stellung in der Welt anzeigt.

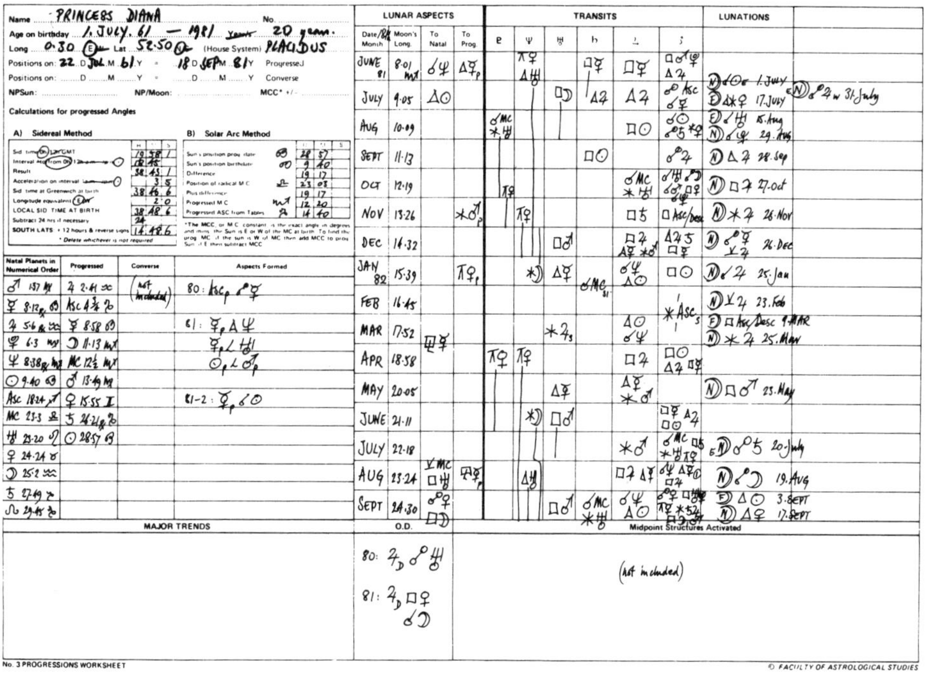

*Fig. 8: Daten von Prinzessin Diana*

Dieser wichtige Transit war sicher der vorherrschende Einfluss während 1981, dem Jahr Ihrer Hochzeit. Pluto begann Venus und Mond zu aspektieren (das Sextil mit Uranus wird mehr oder weniger überdeckt durch diese anderen Aktivitäten, erzeugt aber einen starken Hintergrund von positiv verbundener innerer und äusserer Veränderung), und diese Aspekte hielten bis ins Jahr 1982 an. Im Januar und Februar 1981 war Pluto stationär im exakten Quinkunx zur Venus, «sich wandelnde Beziehung», und wieder wird dadurch das MC, dessen Herrscher die Venus ist, angesprochen. Venus ist auch Herrscher des fünften Hauses und steht dort. So deutete der Transit in der Tat auf eine tiefe und bedeutungsvolle Liebesgeschichte hin. Der dirigierte Jupiter bewegte sich auf Venus und Mond zu – die glücklichen Überraschungen des vorigen Jahres wurden nun als Liebe und Partnerschaft bestätigt. Neptun sensibilisiert immer noch die Planeten im T-Quadrat, was Romanze, Zauber und Idealismus bringt – die werdende Prinzessin schwebte in den Wolken. Wie dem auch sei, die anderen Aspekte erlaubten keine totale Flucht in eine Märchenwelt.

Das Jahr begann mit einem exakten stationären Quadrat von Transitsaturn und Transitjupiter mit der Radixsonne. Es ist besonders interessant zu sehen, in welcher Weise diese Transitkonjunktion in Resonanz zur gleichen (aber grösseren) Konjunktion im Geburtshoroskop stand, und das wenige Wochen vor ihrer Verlobung am 24. Februar. Diese steht in Konjunktion mit der zweiten Häuserspitze des Geburtshoroskops, ein Paradoxon, das materiellen Besitz und persönliche Gefühle betrifft. Zweifellos kam es im Januar 1981 zu einer echten Verwirklichung dessen, was es heisst, plötzlich der begehrteste Gesprächsstoff in der Welt zu sein und die Belastung zu spüren, die Privatsphäre für den Rest des Lebens zu verlieren, dabei gleichzeitig vor der offiziellen Verlobung mit Englands begehrtestem Junggesellen zu stehen und ihn zu lieben. Der Geburtssaturn steht im Steinbock und seine Lektionen von konkreten Leistungen, Struktur und Ehrgeiz, zugleich gesucht und gefürchtet, wurden zu dieser Zeit durch den Transit auch aktiviert.

Voll- und Neumond wirkten durch das ganze Jahr hindurch. Im Januar war der Vollmond auf der Spitze der Achse zwei/acht, in Konjunktion mit der Halbdistanz der Jupiter-Saturn Konjunktion. Im Februar fiel die Sonneneklipse auf die Mond-Jupiter Halbdistanz und der Vollmond stand in Opposition zu Mars. Die bevorstehende Hochzeit bewirkte Gefühlshöhepunkte, als der progressive Mond im Frühjahr ein Quadrat zum Jupiter bildete und sich im Juni mit Neptun verband. Die Anforderungen von Protokoll, Geheimhaltung, Leibwächtern und die Einschränkung der persönlichen Freiheit waren jedoch immer gegenwärtig, astrologisch gesehen durch den stationären Saturn im Quadrat zu Merkur, exakt während Mai und Juni.

Uranus bildete drei Quadrate zum Mond, dem Mitherrscher des siebten Hauses: Ein Stillstand anfangs 1980 löste die Veränderung aus, ein Transit im November vielleicht die Möglichkeit, die offizielle Bekanntgabe der Verlobung ernsthaft in Erwägung zu ziehen und dann wiederum ein Stillstand ein Grad vom genauen Quadrat entfernt, dies eine Woche vor der Hochzeit. Der Neumond vor der Hochzeit war astrologisch klassisch, exakt innerhalb von 10 Bogenminuten in Konjunktion zur Geburtssonne im siebten Haus: Sie heiratete innerhalb dieses Monats. Der nachfolgende Vollmond, 12 Tage vor der Hochzeit, stand im exakten Sextil zur Venus, und die Sonneneklipse 2 Tage nachher befand sich innerhalb von 3 Graden in Opposition zu Jupiter. Der progressive Mond bildete während dieser Zeit ein Trigon zur Sonne, und Jupiter stand im August im Quadrat zur Sonne. Die Augustlunare hatten eine Konjunktion zu Uranus und Pluto, Planeten welche durch Transite schon längere Zeit aktiviert wurden — eine Art Hervorhebung eines astrologischen Merkmals. Saturn war in der Periode nach der Heirat gegenwärtig und erinnerte die Prinzessin an die Pflichten und Verantwortungen, die sie auf sich genommen hatte — er bildete im September ein Quadrat zur Sonne. Doch auch der expansive Optimismus des Jupiters war während dieser Periode fortwährend betont. Die Transitkonjunktion mit dem MC — abgedroschen: «Erfolg und Ansehen in der Welt» — wurde durch eine Serie von Neumonden, die den Geburtsjupiter von September 1981 bis März 1982 aspektierten beinahe in den Schatten gestellt. Es ist ungewöhnlich, eine solche Häufung zu erfahren, aber angenehm, wenn Neuanfänge mit solchem Optimismus bekanntgegeben werden, Trigon im September, Quadrat im Oktober, Sextil im November, Halbsextil im Februar, Sextil im März, alle innerhalb eines Grades des exakten Aspektes.

Als ich 1982 das vorliegende Buch zu schreiben begann, zeigten die Aspekte für dieses Jahr eine Zunahme von Verantwortung und einige Veränderungen an; das ist nicht überraschend für eine junge Frau, welche soeben die Gattin des Thronfolgers geworden ist und von der erwartet wird, einen zukünftigen König oder eine Königin zur Zeit ihres eigenen Geburtstages zu gebären. Wir wollen einige der vielen Anzeichen untersuchen. Die wichtigste Progression, welche die Periode vom Herbst 1981 bis 1982 beeinflusst und ihren Höhepunkt im Frühsommer erreicht, ist der progressive Merkur in Konjunktion zur Sonne. Nebenbei ist es beachtenswert, dass ihr Geburtsmerkur, der rückläufig war, 1969 direktläufig wurde, ungefähr als sie 8 Jahre alt war und ihre Eltern geschieden wurden. Für die zwei folgenden Jahre war der progressive Mars in Konjunktion mit Pluto, und Uranus stand im Quadrat zur Sonne. Wir können deshalb annehmen, dass die Auflösung der Ehe einen turbulenten Zeitabschnitt, gefolgt von Veränderung, für die junge Diana darstellte, jedoch auch eine Zeit, in welcher sie die Möglichkeit hatte, in gewisser Weise aus sich heraus zu kommen. Vielleicht war die ehrliche Feststellung ihrer Eltern, dass ihre Ehe nicht mehr zu retten sei, eine Läuterung, welche, obwohl erschütternd, doch positive Resultate mit sich brachte. Kommen wir jedoch zurück auf den Merkur im Jahre 1982. Seine Konjunktion mit der Sonne betont geistiges Vertrauen und Kommunikation, vor allem aber eine Vereinigung ihrer Heirat — beide Planeten sind im siebten Haus, einer ist Herrscher des siebten, der andere Herrscher des achten Hauses.

Nach Jupiters Verheissungen und Wohlwollen brachte 1982 der Transit Saturns über die Himmelsmitte in den Monaten Januar und Februar und später im September Pflicht und harte Arbeit. Im November bildete der Transitsaturn auch ein Quadrat zum Geburtssaturn, was einer sanften Vorankündigung der Rückkehr Saturns 1990 entsprechen dürfte. Während sich im Hintergrund Veränderungen vor allem durch das Genauwerden des Quinkunx von Pluto zu Venus sowie des Trigons zum Mond abzeichnen, zeigen sich diese im Vordergrund durch das Quadrat, das Uranus im Dezember 1981 sowie im Juni und September 1982 zum Geburtsmars bildet. Während des Sommers steht zusätzlich der progressive Mond im Quadrat zu Uranus und befindet sich nun im Bereich der wichtigen 23—25 Grad-Positionen. Mars ist der Herrscher des vierten Hauses, was auf der einen Interpretationsebene einem Umzug oder Umbau des Hauses entsprechen würde, auf einer anderen Ebene aber auch einen Bezug zu Themen der Verankerung sowie der psychischen Basis im Leben der Prinzessin herstellt. Auch hier findet eine Veränderung statt. Dadurch wird aber auch die Mars-Uranus-Konjunktion im Geburtshoroskop aktiviert, nämlich ihr rebellisches Temperament sowie ihre Fähigkeit, unvorhersehbar aufzubrausen, indem sie vielleicht am liebsten den Reportern die Kamera an den Kopf werfen würde. In einem Bereich setzte sie sich bereits durch und verlangte, ihr Baby auf offizielle Reisen mitzunehmen.

Zur Zeit der Geburt wird Uranus wahrscheinlich ein exaktes Quadrat zu Mars, Pluto einen Aspekt zu Venus bilden; auch die anderen Planeten sowie die Achsen werden sich zu dieser Zeit, wenn auch weniger genau, in den entsprechenden Gradzahlen (23—25) befinden. Diese in ihrer Qualität nicht ruhigen Auslösungen könnten auf eine schwierige Geburt hinweisen; da aber die Geburtsvenus im Zeichen Stier im Haus der Kinder steht und dieses auch beherrscht, dürften diese Faktoren mithelfen, allfälligen Schwierigkeiten entgegenzuwirken. Es könnte aber sehr wohl möglich sein, dass die Prinzessin selbst Schwierigkeiten im Umgang mit den elitären, königlichen Ärzten hat, welche für die Geburt des kleinen Thronfolgers beigezogen werden.

Ob sie die Hebamme jedoch sehr beansprucht oder nicht, die Progressionen für die Zukunft zeigen positive Entwicklungen an. Gegen Ende 1982 wechselt die Sonne ins Zeichen Löwe, was ihr nach einiger Zeit ermöglichen wird, ihr königliches Amt mit Vertrauen, Stolz und gutem Willen anzunehmen. 1983, wenn der progressive Mond über den Aszendenten geht, beginnt ein weiterer Mondzyklus und bald danach bewegt sich die progressive Venus ins 7. Haus. Dies wird ihrer Ehe einen besonderen Wert verleihen, die sie ohne Zweifel mit weiteren Kindern festigen wird (5. Haus). Die Venus herrscht jedoch auch über das 10. Haus, und so ist es wahrscheinlich, dass die Betonung der Ehe sich auch in einem grösseren Engagement des Paares für öffentliche Angelegenheiten widerspiegeln wird. 1985 transitiert Uranus über ihren Aszendenten und gleichzeitig bildet Pluto ein Quadrat zu dessen Herrscher Jupiter. Dies dürfte Veränderungen in ihrem Leben anzeigen, umso mehr als zur gleichen Zeit die progressive Sonne von Prinz Charles seinen Geburts-Jupiter erreicht und in Opposition zu

128

Uranus steht — neue Möglichkeiten und Veränderungen. Da Saturn in diesem Jahr auch über seine Sonne transitiert, spekulierten viele Astrologen darüber, dass er innerhalb der königlichen Familie zusätzliche Verantwortung übernehmen werde, vielleicht sogar die Monarchie übernehme. Pluto steht 1984 und 1985 in Opposition zur Sonne der Königin und Saturn erreicht seine zweite Wiederkehr, so dass solche Mutmassungen astrologisch gut abgestützt sind. Eine umfassende Beurteilung dieser Möglichkeiten erforderte jedoch eine gründliche Analyse von allen beteiligten Horoskopen, inklusive den verschiedenen Horoskopen von Grossbritannien, und dies würde uns zu weit von der ursprünglichen Absicht dieses Buches wegbringen; auch würde der verfügbare Raum nicht ausreichen. Vielleicht sind Sie, lieber Leser, nun so gut bewandert und begeistert von der Thematik der astrologischen Vorhersage, dass Sie sich ermutigt fühlen, diese Horoskope selbst zu untersuchen!

# Prinz Charles

Alle bekannten Persönlichkeiten haben zwei Leben — eines, das die übrige Welt sieht und ein anderes, persönliches. Bei einigen berühmten Leuten entsteht der Eindruck, dass das öffentliche Ansehen, die glanzvolle Maske allesbeherrschend wird und das menschliche Wesen dahinter verkümmert, bei anderen hat man manchmal den flüchtigen Eindruck, den inneren Menschen zu sehen. Im Fall von Prinz Charles, dem zukünftigen Monarchen, ist dies anders — die wirkliche Person ist sehr lebendig, ist jedoch von der öffentlichen Erscheinung und seiner Rolle als Kronprinz nicht zu trennen. Das erste Kind der Tochter des damals herrschenden Königs stand bei der Geburt und vielleicht schon vorher unter dem Druck des zukünftigen Schicksals. Ein formgebender und vorbereitender Prozess begann, welcher ihn in dem unausweichlich vor ihm liegenden Leben nationaler Verantwortung nicht nur unterstützte, sondern ihn vielleicht auch befähigte, es zu ertragen und zu überleben.

Wenn wir über einige Jahre die verschiedenen Trends in seinem Horoskop untersuchen (Figur 9), gilt es zu bedenken, dass die direkten und einfachen Manifestationen astrologischer Einflüsse durch die äusseren Anforderungen seiner Position modifiziert werden. Die Reaktionen des inneren Menschen mögen im Dunkeln bleiben, sicherlich werden die meisten von ihnen aufgrund der Anforderungen des Protokolls geheimgehalten. Aber dies hindert uns nicht daran, die Indikatoren zu interpretieren und einige von ihnen zu betrachten, als würden sie auf einen «gewöhnlichen Menschen» angewandt. Dies kann uns helfen, die Vielfalt der Möglichkeiten zu illustrieren, welche bei allen astrologischen Prognosen existieren.

Die Haupttendenzen im Leben von Prinz Charles sind in Figur 10 aufgeführt. Für meinen Kommentar habe ich einige Jahre gewählt, in welchen sein Leben sehr bewegt verlief oder die astrologischen Indikatoren besonders interessant erscheinen. Die Uranustransite in seinen jungen Jahren waren nicht besonders signifikant, vor allem, da weiter keine wichtigen Progressionen oder Transite wirkten (anders als 1980 bei der Konjunktion des Uranus mit der Sonne im Jahr vor seiner Hochzeit); trotzdem ergeben sich einige interessante Entsprechungen. In den Jahren 1956 und 1957 passierte Uranus dreimal den Aszendenten. Im Januar 1957 ging der Prinz zum ersten Mal zur Schule, anfänglich als Tagesschüler und später in diesem Jahr als Internatsschüler der Grundschule. Obschon

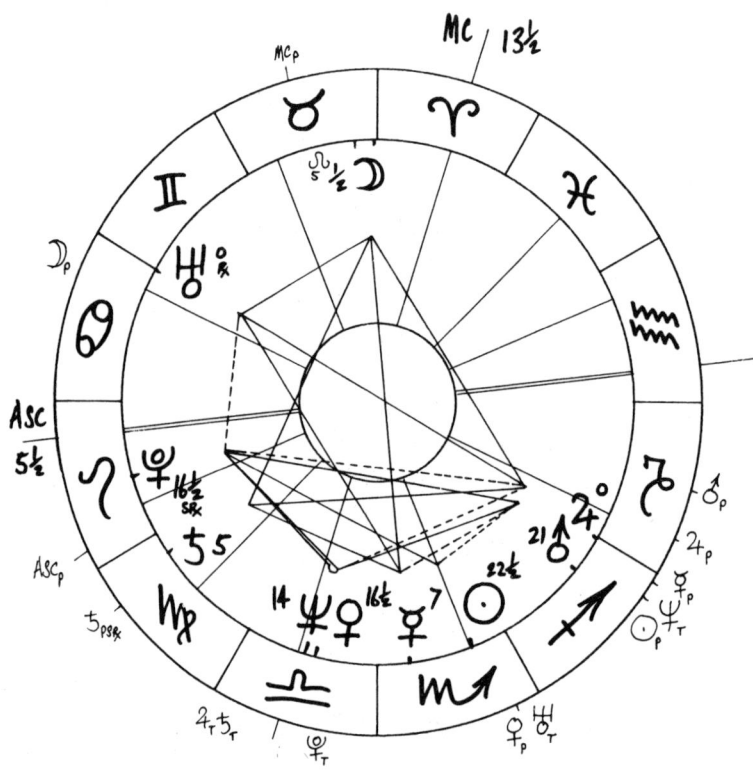

*Fig. 9: Geburtshoroskop Prinz Charles 14.11.1948; 21.14h; London*
   *Progressionen und Transite für 1981*

diese Ereignisse für ein Kind der höheren sozialen Schichten ganz natürlich sind, deutet dieser Transit eine Umwälzung an. Es war auch kurz nachdem Saturn zum ersten Mal ein Quadrat zu seiner Geburtsstellung bildete. Prinz Charles war der erste Thronfolger der überhaupt zur Schule ging (Privatunterricht war der Normalfall), und es muss für den kleinen Knaben eine verwirrende Erfahrung

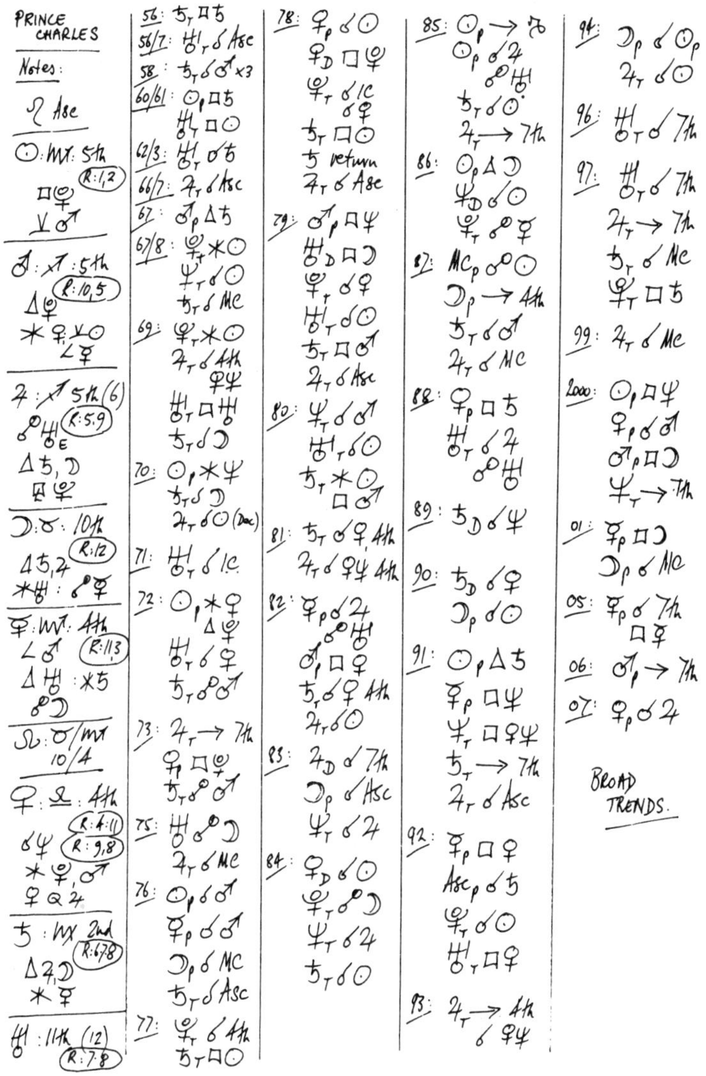

*Fig. 10: Daten von Prinz Charles*

gewesen sein. Er führte bis dahin offensichtlich ein sehr behütetes Leben, war nie unerkannt in einer Menge Leute, war nie allein einkaufen und kam kaum mit Geld in Berührung – diesem seltsamen Ding, mit dem eingeprägten Bild seiner Mutter. Es wird erzählt, dass er in dieser Zeit die Königin gefragt habe: «Mama, was sind Schulknaben?» Während des ersten Jahres an der Grundschule in

Cheam machte Saturn drei Transite über Mars, den Herrscher seines zehnten Hauses und den Mitherrscher seiner Sonne. Dies ist kein angenehmer Transit für einen Schütze-Mars, sondern eine Einschränkung für die unabhängigen und freiheitsliebenden Marsenergien seines Geburtshoroskopes.

Es ist wahrscheinlich, dass das erste Jahr weg vom königlichen Heim mit jungen Bürgerlichen zusammen eine Prüfungszeit darstellte, einen Teil jenes formgebenden Prozesses zur Königswürde, der eine unvermeidliche und notwendige Erfahrung war. Prinz Charles hat die ersten Tage in Cheam als die schlimmsten seines Lebens in Erinnerung und spricht von einer tiefen Verlegenheit, als ihm anlässlich seiner Ernennung zum ‹Prinz of Wales› bei den Commonwealth-Spielen nicht nur die anwesenden Waliser, sondern auch seine Schulkameraden applaudierten. Der Transit-Uranus bildete 1960 und 1961, während seiner Zeit in Cheam, auch ein Quadrat zu seiner Sonne, bevor er 1962 nach Gordonstoun ging. Dies weist astrologisch darauf hin, dass die Erfahrung seiner ersten Schule für den Knaben eine grössere Umwälzung war als die äusserlich harten Erfahrungen im schottischen Internat. 1961 stand auch die progressive Sonne im Quadrat zu Saturn. Wie auch immer, Uranus erreichte die Konjunktion zu Saturn und stellte während seinem ersten Jahr in Gordonstoun Strukturen in Frage, ungefähr zur Zeit, als der progressive Aszendent Pluto erreichte. Es sollte beachtet werden, dass sein Bruder Andrew anfang 1960 geboren wurde; es gibt jedoch wenige biographische Hinweise darauf, dass dieses Ereignis in seinem Leben weitere Veränderungen bewirkte.

Im Oktober 1967 ging Charles an das ‹Trinity College› in Cambridge. Zu dieser Zeit hatte sich Uranus weiterbewegt und war weniger einflussreich, obwohl das erste Viertel des Uranuszyklus, das Quadrat zur Geburtsposition, dreimal stattfand, zweimal davon war er stationär. (St. Januar 1968; September 1968; st. im Juni 1969). Der progressive Mars bildete ein Trigon zu Saturn, der Einfluss von Pluto wie auch Neptun nahm in dieser Zeit zu. Pluto bildete ab Ende 1967 bis zum Sommer 1969 mehrmals ein Sextil zur Sonne und aktivierte als Transit zum ersten Mal seine machtvolle skorpionbetonte Sonne im Quadrat zu Pluto im Geburtshoroskop. Neptun bewegte sich 1967 und 1968 über die Sonne und brachte nicht nur die Unsicherheit und Verwirrung darüber, der erste Thronfolger zu sein, der die Erfahrung machte, echt mit seinen Untertanen zusammenzuleben, sondern zweifellos auch einen nicht greifbaren Sinn und ein Ziel in sein Leben, so dass er zum Beispiel realisierte, wie ihm die Verehrung seiner Nation auch Hilfe und Unterstützung bringen konnte. Als sich der Transit-Neptun weiterbewegte, näherte sich die progressive Sonne dem Sextil zum Geburts-Neptun, so dass die Qualitäten dieses mysteriösen Planeten während der ganzen Dreijahres-Periode in der Universität betont wurden. Ein junger Durchschnittsmensch könnte auf diesen Einfluss mit gewissen Ausstiegstendenzen reagiert haben, vielleicht sogar in eine andere Welt, z. B. jene der Drogen, flüchten. Dies wäre ganz sicher undenkbar für Prinz Charles, eine

Biographie beschreibt jedoch, dass er zu dieser Zeit «anfing, sich für Wein zu interessieren»! Es wird auch angenommen, dass der Idealist in ihm berührt wurde, der offenbar über radikale Politik nachdachte und sogar incognito an einer Studentendemonstration teilnahm. Wie dem auch sei, seine Studienkollegen fühlten sich nie ganz zwanglos mit ihm, und es war eine einsame Zeit. Vielleicht wurde das verstärkt durch den Saturntransit 1968 über das MC und 1969 und 1970 über den Mond. Saturn befand sich während der ganzen Universitätszeit in seinem zehnten Haus.

Neptun trug sicher auch zu seinem Interesse für die Laienschauspielerei bei, und er genoss es, in der Cambridge Revue aufzutreten. Dieser Planet erhöht jedoch auch die Sensibilität und mit dem angenehm wandelnden Sextil des Pluto zur Sonne (Pluto beherrscht sein 5. Haus, in welchem auch seine Sonne steht, — das Haus für Spass, Erholung und Liebschaften) sowie dem Transit Jupiters über seine Venus-Neptun-Konjunktion am IC (Ende 1969) ergab es sich, dass er während seiner Cambridgzeit das andere Geschlecht entdeckte. Es war eine Art Offenbarung, zu beobachten wie guterzogene, liberal gesinnte Mädchen sich gar nicht so benahmen, wie es sich nach der von seiner konservativen Erziehung geprägten Vorstellung geziemte — es gab viele wirklich nette Mädchen, die mit grossem Vergnügen ein aktives Liebesleben führten. Lucia Santa Cruz, die Tochter des chilenischen Botschafters, drei Jahre älter als er, wunderschön und weltgewandt war Prinz Charles' erste Liebe. Es gab Mutmassungen, dass der spätere Lord ‹Rab› Butler, damals Rektor von Trinity, diese Affäre wohlwollend unterstützte, um Prinz Charles zu helfen, ‹diese bald endenden Zeiten seines Lebens, so privat wie dies für ihn überhaupt möglich ist, zu geniessen›. Lucia ist nun mit einem chilenischen Juristen verheiratet (ihr erstes Kind hat einen königlichen Taufpaten). Ihre Nachfolgerin als Freundin des Prinzen war Sibella Dorman; sie musste sich anscheinend einmal nach einem späten Stelldichein mit dem Prinze in der Nacht ins Newham College zurückschleichen.

Die feierliche Amtseinsetzung als Prinz von Wales fand am 1. Juli 1969 in Caernarvon statt, zufälligerweise am achten Geburtstag seiner zukünftigen Frau. Die Zeremonie war ein grossartiges Staatsritual, das wahrscheinlich nur mit der irgendwann in der Zukunft stattfindenden Krönungszeremonie verglichen werden kann. Eine wütende Minderheit walisischer Nationalisten nutzte allerdings die Gelegenheit, um sich mit Bombenattentaten und Krawallen Publizität für ihr Anliegen zu schaffen. Astrologisch gesehen stand einige Wochen früher der stationäre Uranus im Quadrat zur genauen Jupiter-Uranus-Opposition im Horoskop von Prinz Charles. Einfach interpretiert könnte man von unerwarteten günstigen Einflüssen und Ereignissen sprechen, dies berücksichtigt jedoch die auf zwei Bogenminuten genaue Spannung im Geburtshoroskop nicht. Pluto stand an jenem Tag fast genau im Sextil zur Sonne, und die Venus entfernte sich von der genauen Opposition zur Sonne. Der Transitsaturn aktivierte das Sextil von Merkur und Saturn im Geburtshoroskop, was durch die

Häuserherrschaft Themen des sechsten (Arbeit und Dienen) und elften Hauses (Ziele, Ideale und humanitäre Unternehmungen) miteinbezieht.

In den Jahren nach der Universität übernahm Prinz Charles vermehrt königliche Verpflichtungen und kam in eine Position von grösserer Verantwortung innerhalb der Familie. Er wurde in der Royal Air Force und der Royal Navy ausgebildet und erhielt die Rangabzeichen eines Armeepiloten, gleichzeitig lernte er auch, einen Helikopter zu fliegen. Der königlichen Tradition entsprechend, verbrachte er die meiste Zeit in der königlichen Marine und übernahm 1976 das Kommando über ein Minensuchboot. Während dieser Zeit waren seine verschiedenen Liebesaffären in der Weltpresse ein beliebtes Thema, und es wurden immer wieder Spekulationen darüber angestellt, wer die zukünftige Prinzessin von Wales sein werde. Prinz Charles besitzt eine skorpionische Sexualität und hat mit Mars und Jupiter auch eine Tendenz zum Flirt, zusätzlich ist auch das fünfte Haus (Liebe und Romanzen) betont. So ist es nicht überraschend, dass der Welt begehrtester Junggeselle sein Auge auf die schönsten Frauen überall in der Welt warf und die alte Seemannssitte ‹ein Mädchen in jedem Hafen zu haben› zweifellos genoss. ‹Den Prinzen küssen› wurde für seine Verehrerinnen auf jeder Reise zu einem inoffiziellen Ritual, gleichermassen von dunkelhäutigen Sambatänzerinnen, indischen Filmstars und australischen Bikinimädchen mit Vergnügen vollzogen. Die Liste der Frauen in seinem Leben reichte in jener Zeit von Prinzessin Marie Astrid von Luxemburg bis zur Schauspielerin Susan George und von Farrah Fawcett-Majors bis zu Präsident Nixons Tochter. Presseangriffe waren unvermeidlich, und der Prinz lernte, diese gelassen zu nehmen und mit der Zeit (fast) zu geniessen, jedenfalls verlor er seinen Sinn für Humor nicht. Einmal auf einer Safari in Kenja präsentierte er einem Sensationsreporter einen selbst hergestellten, ausgestopften Vogel mit einer blonden Perücke und fragte diesen schelmisch, ob dies der mysteriöse blonde Vogel sei, nach dem die Presse Ausschau halte (Wortspiel; bird = Vogel und ‹tolle Biene›, attraktives Mädchen).

Während dieser Periode wiesen viele astrologischen Indikatoren auf romantische Themen und Aktivitäten hin. 1972 war das erste Jahr, das er als Leutnant auf See verbrachte. Dies traf zusammen mit einem Sextil, das die progressive Sonne zu Venus bildete und einem Transit von Uranus über die Geburtsvenus — Romanzen und wechselnde Beziehungen. Da die Geburtsvenus ein exaktes Sextil zu Pluto bildet, stand die progressive Sonne zu dieser Zeit auch im Trigon zu Pluto, was an die tieferen, wandelnden Elemente dieses Jahres mahnt. 1973 stand die progressive Venus im Quadrat zu Pluto, und Jupiter bewegte sich dreimal über die Spitze des siebten Hauses (Beziehungen), was vielleicht die emotionale Bedeutung von Lady Jane Wellesley für das Leben von Prinz Charles betonte. Bei den Wetten um die königliche Hochzeit stand sie in den Jahren 1973 und 1974 ganz vorne; sie war jedoch zu unabhängig und liberal gesinnt, um das Leben einer zukünftigen Königin führen zu wollen — vielleicht auch, um als solche akzeptiert zu werden. 1978, zur Zeit der Wiederkehr Saturns, wäre eine wichtige Beziehung für Prinz Charles gut möglich gewesen, sicherlich war dies die Zeit, als er die Wahl einer Gattin ernsthaft in betracht zog. Die progressive Venus stand in Konjunktion zur Sonne, ein klassischer Hinweis für eine Beziehung, der tief aufwühlende Pluto war jedoch ebenfalls aktiv durch seinen Transit über die Venus und die Spitze des vierten Hauses. Gleichzeitig erhielt er in der Sonnenbogendirektion ein Quadrat von Venus. Beide, sowohl Susan George wie auch Prinzessin Marie-Astrid, traten zu dieser Zeit in Erscheinung, keine von beiden wäre jedoch als Frau für ihn denkbar gewesen, die eine als Schauspielerin mit ‹Vergangenheit›, die andere als Katholikin. Astrologisch gesehen hätte er sich in jede der beiden heftig verlieben können (dies hätte einem Bürgerlichen fast mit Sicherheit vorhergesagt werden können), die Anforderungen seiner Stellung erlaubten ihm jedoch kaum eine solche gefühlsmässige Freiheit. Saturn, der Herrscher sowohl des Beziehungshauses (7) wie auch des Hauses der Arbeit und des Dienens (6) stand zuerst im Quadrat zu seiner Sonne (September 1977 und im April 1978 auf ein Grad genau stationär) und kehrte dann zu seiner Geburtsstellung zurück, die Saturnrückkehr im September 1978 als eine allgegenwärtige Erinnerung an Pflicht und Verantwortung. Dies entsprach seiner astrologischen Mündigkeit und verbunden mit so vielen zusätzlichen astrologischen Faktoren konnte er trotz einer auch noch so tiefen Zuneigung nicht einfach irgend ein Mädchen heiraten. Oder aber, wie sehr er auch seine Junggesellenzeit genossen haben mochte, kam nun die Zeit, in welcher er realisierte, dass seine Bestimmung und seine Pflicht ihn riefen.

Die Hochzeit als solche war nicht die wichtigste Veränderung in Prinz Charles' Leben, wie man erwarten könnte. Die zwei Jahre davor zeigen vielmehr, dass es die *Entscheidung* war, zu heiraten, sich (soweit es sein Leben erlaubt) niederzulassen und die Annehmlichkeiten des Lebens als begehrter Junggeselle aufzugeben, welche die grössere Veränderung darstellte. Im Verlauf von 1979 und zweimal 1980 stand Uranus in Konjunktion mit der Sonne (im August 1980 mit einem Grad Ungenauigkeit stationär), und Saturn meldete seine Forderungen an, indem er zuerst ein Quadrat zu Mars, dann ein Sextil zur Sonne bildete, um dann 1981 und 1982 über die Spitze des vierten Hauses und die Venus-Neptun-Konjunktion zu transitieren. Dies kann sowohl als Einschränkung wie auch als Stabilisierung einer Beziehung gedeutet werden. Betrachtet man das Glück und die Euphorie, die die Hochzeit umgaben, ist man geneigt, diese Ehe als positive und glückliche Stabilität darzustellen, was vom Jupitertransit in das vierte Haus und über Venus und Neptun kurz nach der Hochzeit gefördert wird. Für Prinz Charles sind die Veränderungen und die Verantwortung tatsächlich schwierig, und es wird einige Zeit dauern, bis er diese akzeptiert und integriert hat, da wahrscheinlich erst 1983 und 1984, nach dem Jupitertransit über die Sonne, die Ehe aufblüht. Neptun hebt die Stimmung und bringt Romantik, wenn er über Jupiter transitiert; in der Sonnenbogendirektion tritt Jupiter in das siebte Haus und Venus erreicht die Sonne. Indem er über den Aszendenten läuft, beginnt der progressive Mond einen neuen Zyklus und die Opposition von Pluto zu seinem Geburtsmond kann seine Gefühle in einem inneren, persönlichen Prozess vertiefen und wandeln, der Mond herrscht über das zwölfte Haus. Diese Opposition, die vom transitierenden Sonnenherrscher gebildet wird, betont die Achse vier/zehn und Plutos Entsprechung von Tod und Wiedergeburt könnte die Erfüllung seines königlichen Schicksals signalisieren. Diese Annahme findet ihren Widerhall im ersten Kontakt von Saturn Konjunktion Sonne im Dezember 1984. Die Faktoren für 1985 weisen auf ein unbestreitbar wichtiges Jahr hin — vielleicht sogar auf die Übernahme der Monarchie — so unwahrscheinlich das zum jetzigen Zeitpunkt (1982) erscheint. Wir können uns fragen, wie wir die Progressionen und Transite zu diesem Zeitpunkt in seiner Karriere beurteilten, wenn er kein Prinz wäre. Die progressive Sonne in Konjunktion zu Jupiter — Möglichkeiten, Erfolg, Expansion und vielleicht einen Höhepunkt der Selbstverwirklichung; progressive Sonne Opposition Uranus — eine Zeit unerwarteter Veränderungen und des Umbruchs, zukunftsbezogene Einflüsse und ungewöhnliche Ereignisse. Die progressive Sonne bewegt sich auch in den Steinbock, was den die Skorpionsonne überlagernden Einfluss vom freien und leichten Schützen zum pflichtbewussten, ehrgeizigen und herrschenden Steinbock verändert. In den wenigen Jahren des Zeichenwechsels werden dessen Auswirkungen am deutlichsten ersichtlich. Im Sommer 1985 steht der Transitsaturn stationär in Konjunktion mit der Sonne, Pflicht, Verantwortung und Einschränkung betonend. Eine absolut zulässige Interpretation würde auf eine Veränderung im Arbeitsbereich hinweisen, die Erfolg, wahrscheinlich weite Reisen (Jupiter herrscht über das neunte Haus), aber auch viel zusätzliche Verantwortung oder harte Arbeit bringen könnte, was wahrscheinlich auch die Ehe miteinbeziehen könnte (Uranus beherrscht das 7. Haus). Die folgenden Jahre bringen wenige zusätzliche Anhaltspunkte — die progressive Sonne bildet ein Trigon zum Mond, das progressive MC bildet eine Opposition zur Sonne, Jupiter transitiert über das MC und der progressive Mond beginnt einen neuen Vierthaus-Zyklus. 1988 scheint interessanter: Die progressive Venus steht im Quadrat zu Saturn und die Hälfte des Uranuszyklus wird erreicht. Bei einem gewöhnlichen Menschen würde man Eheschwierigkeiten befürchten, für einen Thronfolger könnten die Veränderungen jedoch mehr mit Zehnt- und Elfthausbelangen zu tun haben (Venus Herrscher) sowie mit dem Dienen im sechsten Haus. Ist es wohl zu weit gegriffen, eine Krönung als symbolische Heirat des Königs mit seiner Nation zu sehen?

Auch Prinzessin Diana's Horoskop zeigt in diesen Jahren Aktivitäten, welche die Themen ihres Mannes, wie zu erwarten ist, reflektieren. Uranus transitiert 1985 über den Aszendenten — unerwartete Veränderungen auch für sie. In der Folge steht ihr progressiver Aszendent 1986 in Opposition zu Sonne und Pluto bildet ein Quadrat zu Jupiter, ihrem Geburtsherrscher. 1987 beginnt ein neuer

Saturn-Zyklus und die progressive Sonne steht 1988 in Opposition zu Jupiter. Würde die Prinzessin während dieser Zeit Königin, wäre der Verantwortungsdruck besonders gross, da der erste Saturn-Zyklus bis zur Rückkehr noch nicht vollendet ist. Wie auch immer ihre Position in der königlichen Familie sein mag, sind astrologisch zuerst durch Saturn und danach durch Uranus in Opposition zu ihrer Sonne Belastungen angezeigt, danach 1991 Verwirrung durch das Quadrat der progressiven Sonne zu Neptun zur Zeit der Saturnwiederkehr. Diesem folgt eine innere Umwälzung, angezeigt durch Pluto Opposition Venus 1992 und 1993. Das vorangehende Jahr ist ein weiteres wichtiges Jahr für Prinz Charles, da der progressive Aszendent Saturn erreicht, Pluto über die Sonne transitiert, was eine Resonanz zum Pluto-Sonne-Quadrat im Geburtshoroskop herstellt und gleichzeitig Uranus ein Quadrat zu Venus bildet. Für ein gewöhnliches Paar würden dadurch Schwierigkeiten in der Ehe vorausgesagt, erschwert durch grössere Veränderungen der Lebensumstände. Da jedoch die wandelnde Energie Plutos in beiden Horoskopen eine Rolle spielt und wir uns mit den Horoskopen von zukünftigen Monarchen befassen, wenn nicht zu dieser Zeit bereits vom herrschenden Königspaar, sollte eine weniger einengende Interpretationsweise gewählt werden. Die Staatshoroskope müssten überprüft werden, zusammen mit denen anderer Weltmächte; die Horoskope anderer Personen mit Schlüsselpositionen sollten in einer solchen Studie ebenfalls miteingeschlossen werden. Wenn sich im Horoskop eines Prinzen oder Königs wichtige astrologische Aktivitäten zeigen, dürften sich die Auswirkungen weit über den häuslichen Bereich hinaus manifestieren. Auch wenn das Jahr 1992 nicht besonders einfach für das königliche Paar aussieht, ist es doch fast unmöglich, persönliche oder häusliche Schwierigkeiten von Staatsangelegenheiten zu trennen. In der Tat scheint es wahrscheinlicher, dass das letztere die Hauptursache für irgendwelche persönlichen Zwänge darstellt.

Die Jahre bis zur Jahrtausendwende werden wahrscheinlich für die Geschichte des ganzen Planeten Erde kritisch sein, und die Länder sowie ihre Herrscher dürften in einer individuelleren Weise betroffen sein als die einzelnen Menschen, welche vor allem Teile des Kollektivs darstellen. Diese Menschen sind aber immer noch die Untertanen ihrer Herrscher, sofern sie das Glück haben, in einem Land mit einer Monarchie zu leben. So können sie die Mitglieder der königlichen Familie, welche ihre symbolischen Führer sind, durch ihr Wohlwollen und ihre Gebete unterstützen. Zynische Progressive mögen die Monarchie kritisieren; die Erbfolgelinie der britischen Könige und Königinnen ist jedoch lange und stark, von einer archetypischen Qualität, welche die Psyche des Landes und seines Volkes auf eine einzigartige Art und Weise nähren kann. Mögen wir alle dies in jeder möglichen Form unterstützen, welche Veränderungen die Zukunft auch immer bringen mag.

# Das Solar-Horoskop von Prinz Charles für 1980/81

Das Solarhoroskop von Prinz Charles, welches für die Zeit seiner Hochzeit gültig ist, zeigt sich in mancher Hinsicht astrologisch klassisch mit der Sonne-Uranus-Konjunktion im siebten Haus, und es gibt uns einige gute Beispiele für die von uns benutzte Interpretationsmethode. Das Horoskop wird in Figur 11 gezeigt.

Die Betonung des Horoskops liegt im sechsten und siebten Haus – Dienen/ Arbeit und Hochzeit. Die Fünfthausgeburtssonne bewegt sich von ihrer lustbetonten, Romanzen liebenden Stellung in das siebte Haus der Ehe. Der Geburtsherrscher des siebten Hauses, Uranus, bewegt sich vom elften Haus ins siebte Haus des Solarhoroskops, während der Mitherrscher Saturn sich vom zweiten ins sechste bewegt. Die Venus-Neptun-Konjunktion im vierten Haus verteilt sich auf die Häuser vier und acht, sie bleiben jedoch im Aspekt zueinander, diesmal in Form eines kooperativen Sextils. In der Tat bleibt Venus als Herrscherin des Solars und Planet für die Beziehung mit allen von ihr im Geburtshoroskop aspektierten Planeten in Kontakt (ausgenommen ein weniger bedeutsames Quintil zu Jupiter), und alle diese Aspekte des Solarhoroskops sind harmonisch. Dies weist darauf hin, dass die Sensibilität, Liebesfähigkeit und Romantik, welche im Geburtshoroskop vor allem im Bereich der Häuslichkeit und der Familie zum Ausdruck kommen, sich im beobachteten Jahr 1980/81 auf die tieferen, emotionalen Bereiche der Partnerschaft sowie auf den Bereich der Arbeit beziehen.

Der Aszendent Stier steht für Stabilität, Sinnlichkeit und besitzergreifende Gefühle. Er fällt im Geburtshoroskop ins zehnte Haus nahe dem Mond, die Verpflichtungen der öffentlichen Stellung betonend, was auch durch den Steinbock am MC im Solarhoroskop widerspiegelt wird. Man hätte annehmen können, dass in diesem Horoskop Planeten im zehnten Haus stehen, es erweckt jedoch eher den Eindruck eines Jahres der Beziehungsthemen verbunden mit der Arbeit des sechsten Hauses, und weder Ruhm noch Glück und Publizität sind angezeigt. Man sollte jedoch bedenken, dass dies das Horoskop von Prinz Charles ist, das nicht unbedingt die Wahrnehmung des Volkes, die vom Verlobungs- und Hochzeitsfieber geprägt war, widerspiegelt. Der Mond steht im elften Haus (und im Wassermann, wie Prinzessin Dianas), was auf weniger persönliche Ziele und Ideale hinweist. Es ist dabei interessant zu sehen, dass sein grosses Geburtstrigon im Solarhoroskop wieder auftaucht durch die Trigone, die der Mond im Solarhoroskop zur Jupiter-Saturn-Konjunktion bildet.

Die Sonne im siebten Haus steht in Konjunktion mit Uranus, was sowohl auf Veränderung wie auch auf Heirat hinweist. Die Thematik des wichtigen Sonne-Pluto-Quadrats des Geburtshoroskops wird im Solarhoroskop durch das weiche, aber exakte Halbsextil beibehalten, was eine angenehme Wandlung während des Jahres erlaubt. Im Geburtshoroskop steht Merkur in Opposition zum

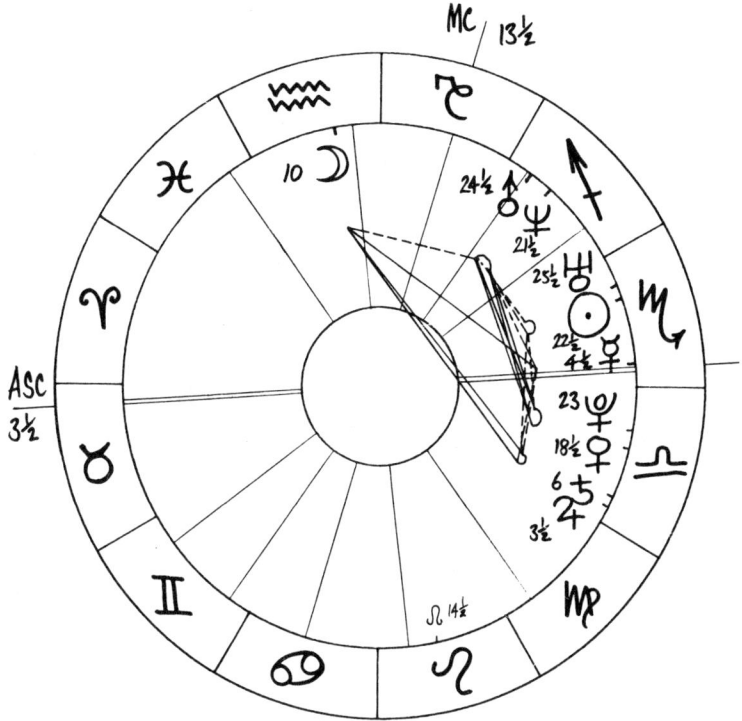

*Fig. 11: Solar-Horoskop von Prinz Charles 14.11.80*

Mond auf der Achse vier/zehn, und dieser Aspekt wird durch ein Quadrat im Solarhoroskop wieder aufgenommen, mit Merkur an einer Hauptachse. Es gibt wenige sog. schwierige Aspekte in diesem Horoskop, Merkur jedoch besitzt sowohl ein Quadrat wie ein Halbquadrat. Man könnte darüber spekulieren, dass Prinz Charles und seine Verlobte in den Monaten vor der Verlobung und Hochzeit einige Meinungsverschiedenheiten hatten, vielleicht mehr als erwartet. Sicher ist die Kommunikationsthematik betont, vielleicht gab es sogar einige zusätzliche Diskussionen mit seiner Mutter, der Königin, aufgrund des Aspektes zum Mond und des genauen Halbquadrates zum Mars, einem der Herrscher des siebten Hauses, was auch auf übersteigerte Reaktionen hinweist. Die Jupiter-Saturn Konjunktion ist so gut gestellt wie man dies erwarten kann, nur ein Halbquadrat der Sonne zu Saturn stört das Bild. Saturn erinnert an die Pflicht durch seine Stellung im sechsten Haus und die Herrschaft über das zehnte. Ganz allgemein werden viele Planetenkontakte des Geburtshoroskops durch dieses Solarhoroskop widerspiegelt, manchmal durch günstigere Aspekte. Dies weist auf ein Jahr der Integration hin, mit der Möglichkeit, viele der im Geburtshoroskop vorhandenen Faktoren positiv zu nutzen.

Die transitierende Sonne lief anfang Januar 1981, einige Zeit vor der effektiven Bekanntgabe der Verlobung, über das Solar-MC, aber vielleicht wurden hinter den Kulissen in dieser Zeit wichtige Entscheidungen gefällt. Ende April erreichte die Sonne den Aszendenten ohne sichtbare, wichtige Ereignisse. Sie näherte sich zur Zeit der Hochzeit jedoch der Spitze des vierten Hauses. Ende Oktober erreichte die Sonne die Spitze des siebten Hauses, und es könnte sein, dass Prinz Charles dann erfuhr, dass er Vater werde; die offizielle Bekanntgabe fand am 5. November 1981 statt. Wir können auch feststellen, dass der Mond kurz vor der Bekanntgabe der Hochzeit über den Deszendenten transitierte (24. Februar) und am Tag der Hochzeit ins vierte Haus eintrat.

## Das Solar-Horoskop von Prinzessin Diana für 1981/82 und das Lunar-Horoskop für Juli/August 1981

Das Solarhoroskop von Prinzessin Diana in Figur 12 schliesst die Zeit ihrer Hochzeit sowie jene der Geburt ihres ersten Kindes mit ein (zur Zeit als dieses Buch geschrieben wurde, wurde das Kind ungefähr um die Zeit ihres Geburtstags erwartet). Dieses Solar ist nicht ein so auffälliges Beispiel wie jenes von Prinz Charles und deshalb nicht so leicht zu interpretieren. Es ist jedoch eine nützliche Übung, und man sollte in Betracht ziehen, dass das Solarhoroskop sich auf ein Jahr bezieht, in welchem elf Monate die Zeit nach der Hochzeit betreffen. Und wieder geht es hier um die Person Prinzessin Diana in ihrem neuen Leben und nicht unbedingt um die öffentliche Figur, die wir sehen.

Das Geburtshoroskop zeigt eine Betonung der Häuser sieben und acht, und beide Herrscher des Solarhoroskops (Pluto und Mars) befinden sich im Geburtshoroskop im achten Haus. Mars befindet sich auch im Solar im achten Haus, in Konjunktion mit Merkur, er spiegelt dadurch das Sextil des Geburtshoroskops. Aus diesem wird ersichtlich, wie wichtig für Prinzessin Diana die Ehe und enge persönliche Beziehungen sind, im untersuchten Jahr wechselt die Betonung jedoch ins achte Haus — Gefühle und Besitz der anderen, Sexualität, Geburt, Geld, die tieferen, intimeren und komplexeren Bereiche einer Beziehung. Technisch gesehen, befindet sich der Mond auch im achten Haus und nähert sich der Sonne, eine Neumondstellung, welche auf die Integration von männlichen und weiblichen Prinzipien hinweist sowie auf einen Neuanfang, der während des Jahres stattfinden wird. Sonne und Venus (Herrscherin des siebten Hauses) im neunten Haus scheinen eher rätselhaft, man könnte diese Stellung in verschiedenster Weise interpretieren: So könnte man von grösseren Reisen ausgehen, welche in diesem Jahr unternommen werden, oder aber von einer zunehmenden Auseinandersetzung mit Fragen der Religion und der Kirche. Die Hochzeitsfeier wurde in einer grosszügigen, oekumenischen Weise gestaltet, vielleicht muss sie nun aber als Mitglied der königlichen Familie häufiger als sie

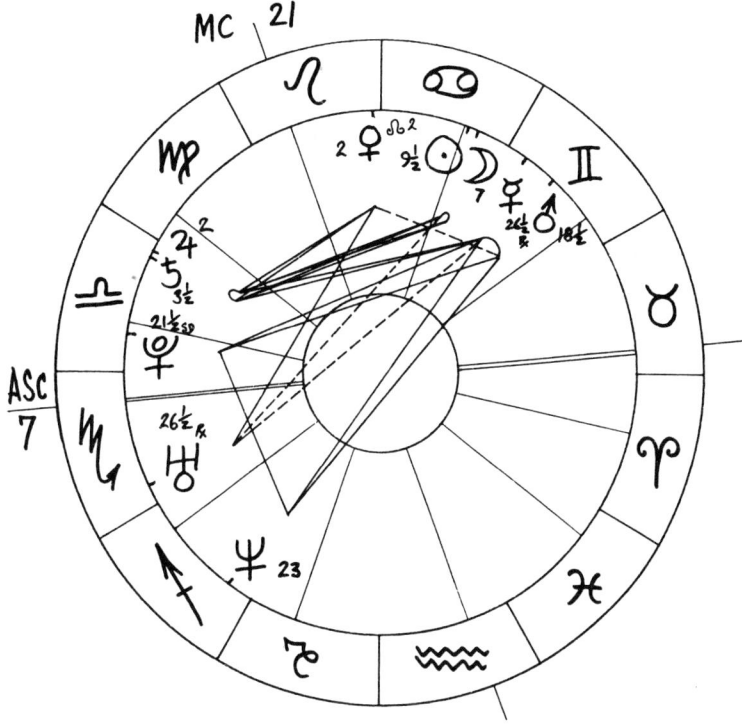

*Fig. 12: Solar-Horoskop von Prinzessin Diana 1.7.81*

dies bisher gewohnt war, am Gottesdienst teilnehmen. Das Solarhoroskop könnte jedoch auch auf eine tiefere, mehr philosophische Denkweise hinweisen oder auf eine Art private Weiterbildung, da die Stellung des Horoskopherrschers Pluto im zwölften Haus die Beschäftigung mit Hintergründigem betont. Das neunte Haus ist auch der Ort langfristiger Pläne, welche in ihrem Falle weitgehend ausserhalb ihrer Kontrolle stehen, es ist jedoch auch das Haus der Schwiegereltern. Die Königin und Prinz Philipp werden in ihrem ersten Ehejahr sicherlich wichtige Bezugspersonen sein, vielleicht indem sie ihr die Fähigkeiten, welche ein Mitglied der königlichen Familie benötigt, beibringen.

Der Solaraszendent befindet sich im Skorpion und fällt ins zehnte Haus des Geburtshoroskops. Dadurch wird ihre neue Stellung in der Gesellschaft betont und, da der Solaraszendent auch nahe dem Neptun zu stehen kommt, dürfte das Jahr auch Glanz und eine idealistische Einstellung bringen. Dieser Aszendent stellt auch einen Bezug zur Skorpion-Sonne im Quadrat zu Pluto im Horoskop ihres Mannes her und befindet sich zufällig, mit einer Abweichung von einem Grad, in Konjunktion mit der Spitze des siebten Hauses des Solars von Prinz

Charles sowie mit Merkur; mit seinem Geburtsmerkur steht er sogar in genauer Konjunktion. Daher dürfte die Kommunikation innerhalb der Beziehung gut sein. Persönliche Veränderung wird durch Uranus im ersten Haus angezeigt, allerdings ohne die schwierige T-Quadratbetonung, die in ihrem Geburtshoroskop zu sehen ist, obwohl das Halbquadrat zur Sonne im Geburtshoroskop seine Entsprechung im Anderthalbquadrat findet. Das Quadrat der Geburtsvenus zu Uranus wird zu einem Trigon im Solarhoroskop (entschärft). Die Jupiter-Saturn-Konjunktion bewegt sich in eine auffälligere Stellung und stellt einen eher frustrierenden Faktor in ihrem Solar dar. Sie betrifft das elfte Haus mit eher losen Kontakten zu anderen Menschen und könnte auf die Möglichkeiten und Einschränkungen hinweisen, die sich sowohl mit alten Freunden als auch mit neuen Bekanntschaften ergeben. Während diese Konjunktion sich im Radixhoroskop vor allem auf persönliche Gefühle und Besitz bezieht, besteht im ersten Ehejahr eine Betonung auf eine extravertiertere Haltung in bezug auf Gruppen, Verbindungen, Ziele und Ideale — kurz gesagt, in bezug auf die vielen Aspekte von königlichen Pflichten in der Öffentlichkeit. Diese neuen Perspektiven verbunden mit Einschränkungen zeigen sich durch die Quadrate zu Sonne, Mond und Merkur eher als Frustrationen.

Das MC in Löwe scheint angemessen königlich, es befinden sich jedoch keine Planeten im zehnten Haus. Die Tatsache, dass sich einer der Horoskopherrscher, Pluto, im zwölften Haus befindet, weist darauf hin, dass sich viel im Inneren der neuen Prinzessin abspielt, eine innere Wandlung, welche sich mit dem Element der Sinnsuche, das sich aus der Neunthausbetonung ergibt, verbindet. Die Erfahrung einer plötzlichen, wichtigen Lebensumstellung, nämlich ein Mitglied der königlichen Familie zu werden, könnte sehr nachdenklich stimmen.

Bei der Betrachtung der zeitlichen Auslösungen innerhalb des Solarhoroskops fällt auf, dass zur Zeit der Hochzeit die Transit-Sonne im Quadrat zum Aszendenten stand und Mond sowie Mars über die Sonne-Mond-Konjunktion transitierten. Die Sonnentransite über die Hauptachsen zeigen nur einen Kontakt mit dem Aszendenten, unmittelbar vor der Bekanntgabe ihrer Schwangerschaft — der Mond bewegte sich am Tag der Bekanntgabe über die Spitze des vierten Hauses. Andere offensichtliche Ereignisse fanden nicht statt. Als kurze Zusammenfassung: Sonne Konjunktion MC — Mitte August 1981, Konjunktion IC — Mitte Februar 1982, Konjunktion Deszendent — Ende April 1982. Das Solarhoroskop von Prinzessin Diana für das vorangehende Jahr — ein Jahr mit grosser Aufregung und zunehmender Aktivität für sie — zeigt Jupiter genau am Aszendenten in Konjunktion mit der Venus im zehnten Haus, die Sonne transitierte am Tag der Verlobungsbekanntgabe über den Deszendenten. Es wird ersichtlich, dass der Transit der Sonne über die Solarhauptachsen einen unberechenbaren Faktor darstellt und statistisch unklar erscheint. So sind zum Beispiel mit einem erlaubten Orbis von 5 Grad mehr als 10 Prozent eines Jahres

142

(40 Grad von 360 Grad) betroffen, was die Wahrscheinlichkeit eines Ereignisses, welches einen Bezug zum entsprechenden Indikator aufweist, erhöht. Der Mond bewegt sich sogar dreizehnmal jährlich über alle Achsen, was seine statistische Zuverlässigkeit noch weiter mindert; daher sollten sehr enge Orbis gewählt werden. Wenn Prognosen oder Forschungen diese Methode miteinbeziehen, empfehle ich minimale Orbis für den Mond und 2 Grad für die Sonne.

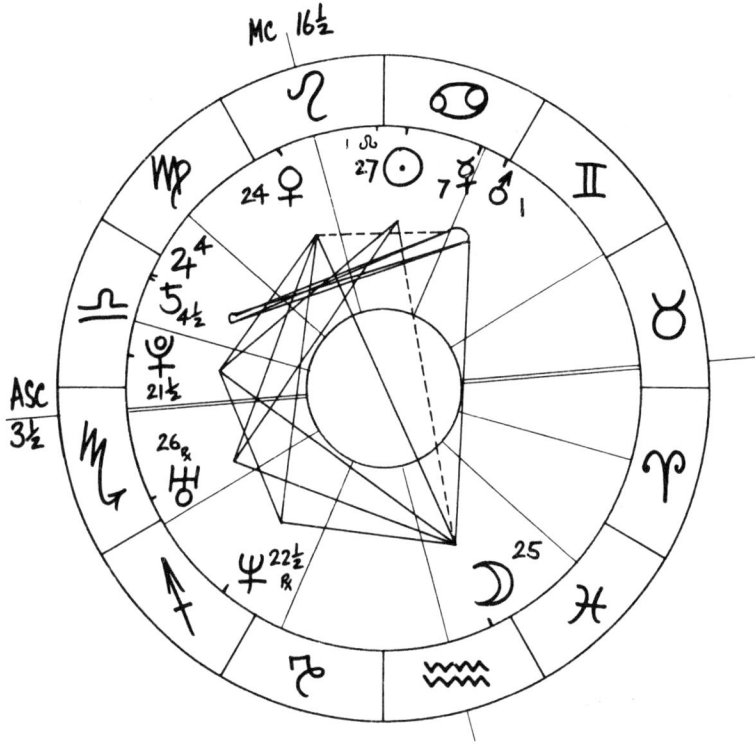

Fig. 13: Lunar-Horoskop von Prinzessin Diana 19.7.81

Das Lunarhoroskop von Prinzessin Diana, welches für den Monat der Hochzeit gültig ist, wurde nach einigem Zögern beigefügt (Fig. 13). Es scheint fairer, bei den gemachten Beispielen zu bleiben, als die Ephemeriden nach einem Lunar zu durchsuchen, welches einige überraschende Wechselwirkungen mit dem Leben einer einzelnen und besonders ausgesuchten Person aufweist. Ich habe die anderen zwölf Lunarhoroskope für das Jahr 1981/82 nicht untersucht und kann daher nicht sagen ob nicht ein anderer Monat offensichtlich und betont die Heirat ankündigt. Sicher jedoch gibt es in diesem Lunar wenige klare Hinweise darauf. Wir sollten uns jedoch auch daran erinnern, dass das Lunarhoroskop dem Solar untergeordnet wird — und Prinzessin Dianas Solarhoroskop wies auch nicht besonders stark auf eine Hochzeit hin; dieses betonte vielmehr die Themen Beziehungen, Veränderungen, Bewusstseinserweiterung sowie einige frustrierende Einengungen.

Die vielleicht erstaunlichste Beobachtung dürfte jene einer beachtlichen Ähnlichkeit zwischen dem Lunar- und dem Solarhoroskop sein. Da das erstere Datum weniger als drei Wochen Differenz zum letzteren aufweist, werden einige Stellungen der Planeten in den Zeichen ähnlich sein. Es besteht jedoch eine Wahrscheinlichkeit von ca. 60 zu 1, dass die zwei Aszendenten innerhalb von 3 Graden voneinander entfernt liegen. So ist also das erste Dekanat im Skorpion ein Thema, das in allen drei untersuchten Horoskopen zur Hochzeit enthalten ist. Der Geburtsmerkur von Prinz Charles, sein Solarmerkur sowie sein Deszendent, Prinzessin Diana's Solar- und Lunaraszendent, alle stehen zwischen 3½ und 7 Grad Skorpion — und dieser Gradbereich fällt in ihr zehntes Geburtshaus, nicht weit entfernt von ihrem Neptun im zehnten Haus. Auch die einfache Übereinstimmung von Aszendenten kann also einen starken Hinweis auf einen wichtigen Monat darstellen. Die Zehnthaus-Venus im Lunarhoroskop herrscht über das siebte Haus, und es kommt ihr mehr Bedeutung zu, als auf den ersten Blick ersichtlich wird. Sie steht für Liebe, Harmonie verbunden mit Heirat, Karriere, Stellung in der Öffentlichkeit und in der Welt. Die Venus ist ausser Mond und Merkur der einzige Planet, der seine Häuserstellung im Vergleich zum Solarhoroskop verändert hat. Uranus bleibt im ersten Haus, die persönliche Veränderung anzeigend, und die Herrscher des Horoskops, Pluto und Mars, bleiben im zwölften, resp. achten Haus, die tieferen Aspekte einer persönlichen Beziehung bestätigend, allerdings mit persönlicheren und versteckteren Emotionen als andere zu dieser Zeit annehmen konnten. Die Jupiter-Saturn-Konjunktion zu dieser Zeit noch genauer, bleibt in ihren Forderungen und Einschränkungen bezüglich des elften Hauses gleich, und die Sonne sitzt geheimnisvoll im neunten Haus — Kirche, königliche Schwiegereltern, Bewusstseinserweiterung oder vielleicht Reisen mit einer berühmten Privat-Yacht versprechend. Das Anderthalbquadrat von Sonne und Uranus im Solar entspannt sich zu einem Trigon, die Sonne-Mond-Konjunktion wird zu einem Quinkunx und die Quadrate zu Saturn und Jupiter werden zu einem einfachen Quadrat der Sonne zum verwandelnden Pluto, der aus seinem verborgenen Königreich im zwölften Haus über das Horoskop herrscht. Ein anderer hintergründiger Hinweis ergibt sich aus dem Wiedererscheinen des T-Quadrats des Geburthoroskops, welches Venus, Mond und Uranus miteinbezieht. Diesmal fällt die Oppositionsachse jedoch auf die Häuser zehn/vier.

Während andere Solarhoroskope eine relativ klare Aussage für das in Frage stehende Jahr ermöglichen und auf verschiedenen Ebenen gedeutet werden können, wirken Lunarhoroskope subtiler, was ihre Interpretation erschwert. Es muss hier mit zwei verschiedenen anderen Horoskopen verglichen werden (Geburtshoroskop und Solarhoroskop, von welchen in diesem Kontext das letztere relevanter ist), und die traditionelle Ansicht, das Lunar sei als zeitauslösender Faktor wichtig, scheint nicht immer offensichtlich. Um wichtige Zeitpunkte ausfindig zu machen ist eine ins Detail gehende Untersuchung und Interpretation nötig.

## Das 32. harmonische Horoskop von Prinz Charles

*= Teiler 32 eingeben!*

Prinz Charles verlobte sich und heiratete im Alter von 32 Jahren. Sein 32. harmonisches Horoskop ist in Figur 14 abgebildet. Das herausragende Merkmal dieses Horoskops stellt die Sonne dar, welche immer eine Schlüsselrolle einnimmt, in diesem Fall jedoch auch Charles Geburtsherrscher ist. Sie befindet sich achsennahe in dem Teil des Horoskops, welcher dem siebten Haus der Partnerschaft und der Heirat entspricht, auch sehr nahe seiner Geburtstellung. Gleichzeitig steht sie fast genau im Trigon zu Uranus, dem Herrscher des siebten Hauses seines Geburtshoroskops, und dieser wiederum befindet sich in Kon-

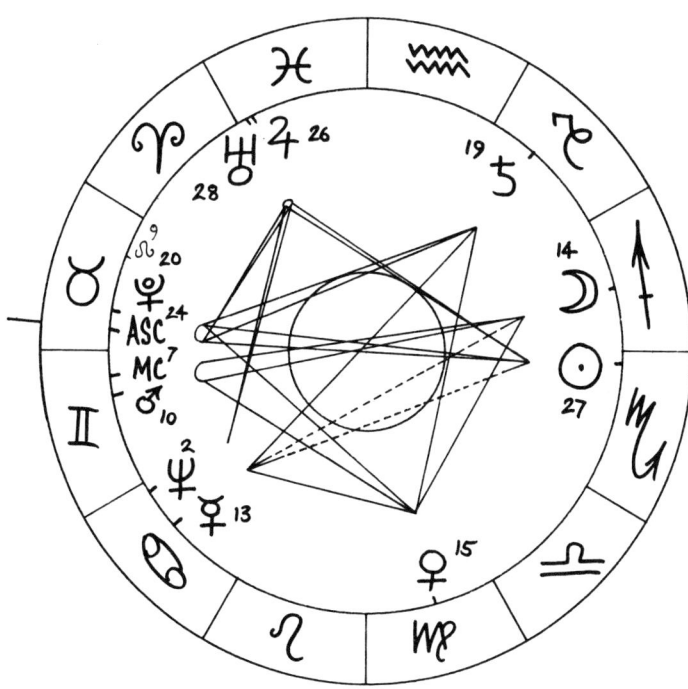

*Fig. 14: 32. harmonisches Horoskop von Prinz Charles 14.11.80*

145

junktion mit Jupiter, dem Herrscher des fünften Geburtshauses. Dies ist ein klarer Hinweis auf ein Jahr, in welchem Liebe und Heirat aktuell werden und die Psyche beschäftigen.

Zusätzlich steht das MC bei Mars, der männliche Sexualität verkörpert, in Opposition zum Mond und im Quadrat zur Venus, den zwei Hauptkomponenten der weiblichen Psyche. In diesem Jahr wird also das Bedürfnis angezeigt, sich aktiv (Mars) mit dem weiblichen Prinzip in seinem Leben auseinander zu setzen. Pluto, in Konjunktion mit dem Aszendenten, bildet ein grosses Trigon mit Venus und Saturn. Dies weist auf ein Jahr der Wandlung hin sowie auf konkret werdende Zuneigung. Es wird auch ersichtlich, dass der Aszendent des ‹Harmonic's› in exakter Konjunktion zur Venus von Prinzessin Diana steht und die Opposition zur Sonne ihr T-Quadrat aspektiert. Mars beim MC in Opposition zum Mond liegt auf der Achse Zwillinge/Schütze, was mit den verschiedenen Reitunfällen von Charles in diesem Jahr und dem Verlust seines Lieblingspferdes in Verbindung zu bringen ist. Das Mars-Mond-Venus-T-Quadrat weist auf die Spannung zwischen aggressiver Männlichkeit und einer mehr empfangenden, harmoniesuchenden weiblichen Energie hin. Es könnte auch den Bruch und die Auseinandersetzung mit der Mutter symbolisieren, welche eine Heirat unvermeidlich, bewusst oder unbewusst, herbeiführt.

Saturn fällt ins Zeichen Steinbock, welches Pflicht, Verantwortung und ernsthafte Leistung symbolisiert. Er steht sowohl zum Aszendenten wie auch zu seinem Herrscher, der Venus, im Trigon, Stabilität also im persönlichen und im Beziehungsbereich. Venus ist in verschiedenster Hinsicht betont, wie auch zu erwarten wäre, sie ist die Herrscherin des Horoskops und befindet sich an der Spitze sowohl des grossen Trigons wie auch des T-Quadrats. Sie befindet sich vom Aszendent her gesehen auch im vierten Haus und vom MC her gerechnet im Bereich des ersten Hauses, dadurch wieder auf Beziehung und Familienangelegenheiten hinweisend. Der Mond, vom MC her gesehen im vierten Haus stehend, unterstreicht letzteres.

146

# 10. Schlussbetrachtungen

Astrologie ist keine exakte Wissenschaft, und insbesondere die astrologische Prognose gehört zu den weniger klar definierten Bereichen innerhalb dieses Themas. Perfekt sind jedoch nur die Götter, und so müssen wir Sterblichen uns mit etwas Untergeordnetem abfinden. Deshalb ist es angemessen, dieses Buch mit einer Sage, die zu den weniger eindeutigen gehört und sowohl die Menschen als auch die Götter betrifft, abzuschliessen.

Es gab viele Titanensöhne und -töchter, doch Zeus, Sohn des Kronos (Saturn), war der Mächtigste. Einer seiner Cousins war der hellsichtige Prometheus, dessen Bruder Epimetheus, der zu spät Denkende. Mit Prometheus werden zahlreiche, unterschiedliche Geschichten in vielen Variationen in Verbindung gebracht. Er war ein Halbgott, hatte besonderes Interesse für das menschliche Geschehen und galt als eine Art Vermittler zu den Göttern. Spätere Versionen erzählen, dass er den ersten Menschen aus Erde und Wasser schuf — einige sagen, mit seinen eigenen Tränen. Er war es, der den Göttern das Feuer stahl und es dem Menschen brachte, wofür Zeus Rache schwor und die wunderschöne Pandora erschuf. Ihr Name bedeutet «die Allbeschenkte», doch in Wahrheit war sie heimtückisch. Er sandte sie mit einer versiegelten Büchse zu den Menschen. Doch Prometheus wies sie zurück, da er misstrauisch war gegen jedes Geschenk von dem verärgerten Zeus. Sie bezirzte jedoch Epimetheus, der ihr gewährte, bei ihm zu bleiben. Später, als ihre Neugierde die Oberhand über sie gewann, hob sie den Deckel der Büchse und liess in der Gestalt von schrecklichen Dämonen all' die Übel frei, welche von da an die Menschheit plagten und verfolgten. Sie legte den Deckel zwar schnell wieder auf, doch es gelang ihr nur noch, die Hoffnung zurückzubehalten, welche so als Trost für den Menschen erhalten werden konnte.

Zeus befriedigte schliesslich seine Rache, indem er Prometheus an einem Gipfel des Kaukasus in Ketten legte, wo ihm ein Adler täglich seine Leber herausfrass, denn das Organ bildete sich auf wundersame Weise jede Nacht von Neuem. Herkules befreite schlussendlich den Halbgott.

Feuer war nicht das einzige Geschenk von Prometheus an die Menschen. Er brachte ihnen das Handwerk und nahm ihnen ihre Todeserwartung, indem er ihnen Medizin und heilende Drogen gab. Er stattete die Menschen auch mit der göttlichen Gabe der Voraussicht aus. Prometheus sagte in Aischylos' Tragödie:

«Die Kunden der Weissagung ordnete ich:
Bestimmte, welche Träume Wahrheit sähn,
der Vorbedeutungen verborgener Sinn
und jener Zeichen, die dem Wandelnden begegnen;
welcher Vögel Flug uns Glück,
zur Rechten oder Linken schwebend, bringt.»

Obwohl er offensichtlich nichts mit Astrologie zu tun hatte, brachte er mit seinen Gaben dem Menschen den Wunsch, und vielleicht auch die Mittel, die Zukunft zu deuten. In den Wissenschaften hat die Vorhersage ein Ansehen, welches die Astrologie nicht geniesst. Hat ein Wissenschafter oder Ökonom in seiner Voraussage unrecht, so ist er nur ein Mensch, der sich geirrt hat. Der falsche Prophet aber ist entweder ein täuschender Schwindler oder ein missgeleiteter Irrer — und viele rational denkende Skeptiker halten die Astrologen oft für falsche Propheten. Das beste Beispiel für allgemein akzeptiertes Zukunftschauen finden wir in der etablierten Wissenschaft Meteorologie. Die Prognosen von Radio und Fernsehen variieren von den sehr bestimmten Wettervorhersagen in England bis hin zu den in Prozenten ausgedrückten Wahrscheinlichkeitsvoraussagen in den USA. Wieviele Menschen sich auch über die Ungenauigkeit beschweren, die Masse glaubt im allgemeinen an das System. Dies soll die Dimension des Glaubens, welcher bei jeder Methode der Voraussage gegenwärtig ist, aufzeigen. Ob Arzt, Ökonom, Meteorologe oder Halbgott des Zwanzigsten Jahrhunderts flössen sie jenen, welchen sie zukünftige Ereignisse voraussagen, einen gewissen Grad von Glauben ein.

Der astrologische Prognostiker glaubt, vorausgesetzt er ist kein Scharlatan, genauso an seine Methoden, wie die Person, die ihn aufsucht. Glaube jedoch impliziert Religiosität, und so besteht immer die Gefahr, dass die Astrologie Projektionen erhält, welche sie in eine Pseudoreligion umwandeln. Folglich könnte unser zukunftsdeutender Astrologe in der Rolle eines Hohepriesters gesehen werden und damit versucht sein, die Götter zu entmachten. Vielleicht haben die Götter in der Mythologie deshalb dem Menschen eine zu klare Sicht der Zukunft verweigert — sie hätte diesem zu viel Macht gegeben. In Wahrheit nämlich lag der Grund für Zeus' Zorn auf Prometheus darin, dass der Feuerdieb Kenntnisse über dessen Zukunft hatte und diese für sich behielt.

Alle alten Orakel hatten einen gewissen Doppelsinn, so dass die Interpretation wahrscheinlich wichtiger war als die Äusserung selbst. Herodotus erzählt von den Entscheidungen, welche im Zusammenhang mit der Verteidigung Athens getroffen werden mussten. Das Orakel wurde befragt und die Antwort war: «Sicher wird der hölzerne Wall weiterbestehen für Dich und Deine Kinder.» Einige Leute glaubten, dies bedeute, dass die Zitadelle hinter einer Palisade sicher sei, andere behaupteten, dass es sich auf die Wichtigkeit der Flotte bezog. Letztere Interpretation fand Zustimmung, was Athen langsam eine Seemacht werden liess. Die Information wurde vom Orakel in einer Weise vorgebracht, die den Menschen Gelegenheit zu wählen gab. Würde es eine solche Wahl nicht geben, wären die sterblichen Leben lediglich die äusseren Ausdrucksmittel für das wechselnde Machtverhältnis im Olymp. Die Menschen wären dann in Kameradschaft oder im Konflikt verbunden durch die Götter, welche die Enden des Seiles nach ihrem Belieben hin und her ziehen würden. Diese Art Weltanschauung und Lebensphilosophie mag angebracht gewesen sein für einfache

Menschen, und in der heutigen Welt erscheint sie vielleicht ängstlichen, unreifen Leuten, die nicht gewillt sind, Verantwortung zu übernehmen, als angenehm. Doch ist eine solche Bindung nichts anderes als eine Beschränkung des Lebens.

Astrologische Vorhersage widerspiegelt diese Wahl. Entweder verstehen wir die sich bewegenden planetarischen Indikatoren im Geburtshoroskop als Stricke und Ketten, welche uns, gelenkt von einer äusseren Instanz, zurückhalten oder unaufhaltsam in eine Richtung ziehen, oder aber wir nehmen die Progressionen und Transite als die Worte eines anspruchsvollen und in hohem Masse differenzierten Orakels, welches nicht etwa zickisch einer verbindlichen Antwort oder Interpretation ausweicht, sondern eine ganze Anzahl von Möglichkeiten aufzeigt. Es gibt uns ein Set Werkzeuge, erklärt die verschiedenen Arten, wie sie benützt werden können und übergibt es jedem Einzelnen, auf dass er sie fleissig und kreativ zu seinem selbst gewählten Sinn verwendet.

Die Beziehung des Astrologen zur Vorhersage kann grob als Parallele zu der Entwicklung des männlichen Kindes zur Reife verstanden werden, — als die symbolische Reise des Helden. Nach der Geburt ist das Kind auf Ernährung durch die Mutter angewiesen, damit es sich aus dem undifferenzierten Chaos seiner Schöpfung herausentwickelt und beginnen kann, die Gesondertheiten im Leben und in der Umgebung wahrzunehmen. Bald schon muss es unabhängig werden, sich von seiner leiblichen Mutter und den mit ihr assoziierten archetypischen Elementen trennen und seine Individualität behaupten, indem es sich an einem positiven Vaterbild orientiert, so dass es schliesslich in die Welt hinausgehen, seine Heldentaten vollbringen und sich vielleicht sogar wieder mit den elterlichen Archetypen vereinigen kann.

Ein mögliches Verhalten gegenüber astrologischen Prognosen ist immer noch in den Klauen des Mutter-Archetypus. Es gestattet einem, sich von der allesverschlingenden Mutter verzehren und zurück in den Mutterleib saugen zu lassen, wo der Astrologe (ob Mann oder Frau) impotent und kastriert ist. Es sind die astrologischen Auslösungen, die jede Antwort liefern können, man muss keine eigene Verantwortung übernehmen, sondern einzig der Göttin Ephemeride huldigen, bevor eine Handlung oder Entscheidung für's Leben erwogen wird. Beim Vater-Archetypus geht es vielleicht um eine Fixierung auf die Macht, welche vom Astrologen ausgeübt werden kann. Er fühlt, dass er den Göttern das Feuer gestohlen hat und behält, durch das Zurückhalten seiner Prophezeihung gegenüber Zeus, ähnlich Prometheus, eine gewisse Herrschaft über das mächtigste Mitglied des Pantheons.

Prometheus' Schicksal war, für eine unbestimmte Zeit an einen Felsen geschmiedet zu sein. Einige Überlieferungen sprechen von dreissig Jahren, während andere dreissigtausend Jahre angeben. Aber, ob eine Saturnrückkehr oder tausende, es macht wenig Unterschied, wenn keine Lehren daraus gezogen werden. Einige Astrologen sind genauso: Auf einem entfernten Berggipfel sitzend, den Kopf in den Wolken, massen sie sich an, es durch allmächtige Voraussagen mit den Göttern aufzunehmen — in Wirklichkeit aber sind sie an ihre eigene Vermessenheit gekettet. Prometheus war, sogar unter der Tortur, dass ihm täglich die Leber herausgerissen wurde, ohne Reue. Die Leber war das Zentrum der Eingeweide, und so zeigt der Teufelskreis der täglichen Verzehrung und des nächtlichen Nachwachsens von Prometheus' Leber das unflexible, engstirnige Gehabe unseres prometheischen Astrologen.

Prometheus wurde schlussendlich von Herkules befreit, einem Helden, der eine grössere Vielfältigkeit an Abenteuern bestanden hat als die meisten seiner Gegenspieler und viele seiner Pflichten erfüllte. Er machte Fehler und erlitt Demütigungen, aber er lernte viel — so wie wir Astrologen von unseren eigenen Erfahrungen lernen können, von unseren astrologischen Abenteuern und unserer manchmal unvollkommenen Handhabung der sich bewegenden planetarischen Indikatoren. Nach seiner Rettung gab Prometheus nach und erzählte Zeus, was er zuvor zurückgehalten hatte: Er war nur ein Halbgott, aber er würde nun, mit Zeus' Einverständnis, göttliche Unsterblichkeit erlangen, falls er jemanden finden könnte, der ihm seine Sterblichkeit abnehmen würde. Der Zentaur Chiron erklärte sich damit einverstanden, um sich so von den Schmerzen und der Verzweiflung seiner unheilbaren Wunde zu befreien. Es war diese Kreatur, halb Mensch, halb Pferd, gütiger Heiler, Lehrer einer Liste von namhaften Helden, die es Prometheus, dem Schwindler, Propheten und Wohltäter der Menschheit ermöglichte, zu den Göttern erhoben zu werden. Ironischerweise hatte Herkules, der wirkliche Retter, der den leberverzehrenden Adler getötet hatte, aus Versehen jenen vergifteten Pfeil geschossen, welcher Chiron unheilbar verletzte. Zu guter Letzt holte Zeus Chiron aus dem Hades und setzte ihn als Konstellation des Schützen in den Himmel.

Die Geschichte wendet und dreht sich und kehrt in sich zurück, ähnlich der Art, in welcher wir unsere astrologischen Prognose-Ansätze benützen und versuchen, schlüssige Aussagen aus einer Vielzahl von Möglichkeiten zu finden. Es hat in dieser Geschichte Elemente sowohl der Konfrontation mit den Göttern als auch der Wiederversöhnung, Elemente von Rebellion und Schwindel, von Opfer und Lohn und vom Fortschritt des Helden durch Versuch, Irrtum und Erfahrung. Auf unserer eigenen Reise zu einem höheren Bewusstsein und grösserer persönlicher Verantwortung tun wir gut daran, die Götter zu erkennen und zu respektieren, doch brauchen wir nicht mehr so stark von ihrer Gnade abzuhängen. Astrologisches Wissen kann einen Menschen an den Felsen des Adlers ketten, mag sogar einige Eigenschaften mit der Büchse der Pandora beinhalten. Eine aufgeklärte Einstellung hingegen, Wissen und das Studium der Planetenbewegungen können dem Menschen helfen, seinen eigenen Lebensfaden zu spinnen und mit den Schicksalsgöttinnen am Webstuhl zu stehen, um wenigstens einen gewissen Einfluss auf das eigene Schicksal und die Entfaltung seines Lebenskleides auf dieser Erde zu haben.

150

# Bibliographie

Es gibt unzählige Astrologiebücher, in denen es u. a. auch um Prognose geht. Daher ist es schwierig, eine brauchbare Liste zusammenzustellen. Ich habe versucht, die besseren Bücher über Prognose anzugeben, doch ist auch ein breites Spektrum von anderen Themen abgedeckt.

Arroyo, S. *Astrologie, Karma und Transformation,* Heinrich Hugendubel Verlag, München, 1980.
Baigent, M., Campion, N., Harvey, C. *Mundane Astrology: An Introduction to the Astrology of Nations and Groups* (Aquarian Press, 1983).
Carter, C. *Symbolic Directions* (Foulshams).
Davison, R. *The Technique of Prediction* (Fowler).
Deluce, R. *The Complete Method of Prediction* (Deluce, 1962).
De Vore, N. *Encyclopaedia of Astrology* (Littlefield Adams).
Doane, D. *Progressions in Action* (A.F.A.).
Dobyns, Z. *Progressions, Directions and Rectification* (T.I.A.).
Ebertin, R. *Das Jahresdiagramm,* Ebertin-Verlag, D-7080 Aalen, 1975.
Hand, R. *Planets in Transit* (Para Research).
Harvey, C. *Harmonic Directions* (Sofia).
Jayne, C. *Progressions and Directions* (priv. pub. Astrological Bureau).
Jones, M. E. *The Scope of Astrological Prediction* (Sabian).
Jinni and Joane. *When Your Sun Returns* (Search).
Kemp, C. *Progressions* (Astrological Association).
Leo, A. *The Progressed Horoscope* (Fowler).
Mann, T. *The Round Art. The Time of Your Life.*
Michelsen, N. *Astro Computing Services Catalog* (POB 16430, San Diego).
Robertson, M. *The Transits of Saturn* (Astrology Center, Seattle).
Rudhyar, D. *The Lunation Cycle* (Shambhala).
Ruperti, A. *Cycles of Becoming* (C.R.C.S.).
Schwickert, G. *Rectification of the Birth Time* (A.F.A.).
Townley, J. *Astrological Cycles and Life Crisis Periods* (Weiser).
Tyl, N. *Integrated Transits. Analysis and Prediction* (Llewellyn).
Volguine, A. *The Technique of Solar Returns* (A.S.I.).
Williamsen, J. *Harmonic Chart Tables* (A.F.A.).

**The Faculty of Astrological Studies**

Die «Faculty of Astrological Studies» wurde 1948 mit der Absicht, durch Unterricht und Prüfungen astrologisches Wissen zu verbessern und ein hohes Bildungsniveau zu erlangen, gegründet. Korrespondenzkurse ermöglichen Studenten aus aller Welt einen persönlichen, fundierten Unterricht, der mit Zertifikat oder Diplom abgeschlossen werden kann. In London wird auch Abendunterricht in Klassen abgehalten. Die Prüfungen für das Zertifikat und Diplom können von jedermann, Studenten der Faculty wie auch andern, abgelegt werden und finden alljährlich statt. Das Diplom (D. F. Astrol. S.) ist international anerkannt und eines der angesehensten auf der ganzen Welt.

Weitere Informationen sind zu beziehen bei:

The Registrar,

Faculty of Astrological Studies

Hook Cottage,

Vines Cross,

Heathfield,

Sussex